Rainer Maria Rilke, geboren am 4. 12. 1875 in Prag, ist am 29. 12. 1926 in Valmont (Schweiz) gestorben.

Er entstammte einer bürgerlichen Familie, genoß aber eine eher aristokratische Erziehung. Wie für Musil bedeutete auch für ihn die Kadettenanstalt (1886 bis 1891) eine einschneidende Konfrontation mit der Realität. Rilke studierte ohne festen Berufsplan in Prag, München und Berlin, wo er eine Zeitlang lebte. Dort traf er mit Lou Andreas-Salomé zusammen. Sie unternahmen 1899 und 1900 zwei Reisen nach Rußland. In Worpswede (1901/02) heiratete er Clara Westhoff, von der er sich bald wieder trennte. Danach lebte Rainer Maria Rilke längere Zeit in Paris, wo er zeitweilig Privatsekretär Auguste Rodins war. 1906 kam es zum Bruch zwischen ihnen. In den Jahren 1906 bis 1911 unternahm Rilke zahlreiche Reisen nach Afrika, Ägypten, Spanien und Südfrankreich. 1911/12 war er Gast der Fürstin Thurn und Taxis auf Schloß Duino bei Triest. Während des 1. Weltkrieges arbeitete er kurzfristig im Wiener Kriegsarchiv, nach seiner Freistellung wohnte Rilke in München. Seit 1919 lebte er vorwiegend in der Schweiz. Von 1922 an in Muzot.

Wichtige Veröffentlichungen:

Lyrik: »Leben und Lieder« (1894); »Die frühen Gedichte« (1902); »Das Buch der Bilder« (1902); »Das Stunden-Buch« (1905); »Neue Gedichte« (1907/08); »Duineser Elegien« (1923); »Die Sonette an Orpheus« (1923); »Gedichte 1906 bis 1926« (1953).

Prosa: »Vom lieben Gott und anderes« (1900); »Worpswede« (1902); »Rodin« (1903); »Geschichten vom lieben Gott« (1904); »Die Weise von Liebe und Tod des Cornets Christoph Rilke« (1906); »Die Aufzeichnungen des Malte Laurids Brigge« (1910).

Daneben Briefe, Tagebücher, Dramen und Übersetzungen.

Im »Buch der Bilder« objektiviert sich Rilkes Dichtung. Er war gewiß, wie Robert Musil es ausdrückte, »der religiöseste Dichter seit Novalis«, aber anders als im »Stunden-Buch« ist seine Dichtung nicht hymnische Gebetsdichtung, sondern Gott, »das Ding der Dinge«, wird in ihnen selbst gesehen und gefunden. Der Band, der in zwei Bücher eingeteilt ist, enthält so berühmte Gedichte wie »Pont du Carrousel« oder »Herbsttag«.

»Und auf jeder Stufe gelingt ihm je und je das Wunder, wird seine zarte, zweifelnde, der Sorge bedürftige Person entrückt und wird durchtönt von der Musik der Welt, wird wie die Brunnenschale Instrument und Ohr zugleich.« *Hermann Hesse*

insel taschenbuch 26
Rainer Maria Rilke
Das Buch der Bilder

Rainer Maria Rilke
Das Buch der Bilder

Des ersten Buches erster Teil
Des ersten Buches zweiter Teil
Des zweiten Buches erster Teil
Des zweiten Buches zweiter Teil

Insel Verlag

Titelmotiv nach einer Zeichnung
von Heinrich Vogeler

insel taschenbuch 26
13.–22. Tausend 1974
Copyright 1913 by Insel Verlag
Text nach der Ausgabe: »Sämtliche Werke«.
Band 1. Insel Verlag: Wiesbaden 1955
Alle Rechte vorbehalten
Vertrieb durch den Suhrkamp Taschenbuch Verlag
Umschlagentwurf: Willy Fleckhaus
Satz: Fotosatz Tutte, Salzweg-Passau
Druck: Ebner, Ulm. Printed in Germany

Das Buch der Bilder
(1902 und 1906)

Des ersten Buches erster Teil

EINGANG

Wer du auch seist: am Abend tritt hinaus
    aus deiner Stube, drin du alles weißt;
als letztes vor der Ferne liegt dein Haus:
wer du auch seist.
Mit deinen Augen, welche müde kaum
von der verbrauchten Schwelle sich befrein,
hebst du ganz langsam einen schwarzen Baum
und stellst ihn vor den Himmel: schlank, allein.
Und hast die Welt gemacht. Und sie ist groß
und wie ein Wort, das noch im Schweigen reift.
Und wie dein Wille ihren Sinn begreift,
lassen sie deine Augen zärtlich los...

AUS EINEM APRIL

Wieder duftet der Wald.
    Es heben die schwebenden Lerchen
mit sich den Himmel empor, der unseren Schultern
                                    schwer war;
zwar sah man noch durch die Äste den Tag, wie er
                                    leer war, –
aber nach langen, regnenden Nachmittagen
kommen die goldübersonnten
neueren Stunden,
vor denen flüchtend an fernen Häuserfronten
alle die wunden
Fenster furchtsam mit Flügeln schlagen.

Dann wird es still. Sogar der Regen geht leiser
über der Steine ruhig dunkelnden Glanz.

Alle Geräusche ducken sich ganz
in die glänzenden Knospen der Reiser.

ZWEI GEDICHTE ZU HANS THOMAS
SECHZIGSTEM GEBURTSTAGE

Mondnacht

Süddeutsche Nacht, ganz breit im reifen Monde,
und mild wie aller Märchen Wiederkehr.
Vom Turme fallen viele Stunden schwer
in ihre Tiefen nieder wie ins Meer, –
und dann ein Rauschen und ein Ruf der Ronde,
und eine Weile bleibt das Schweigen leer;
und eine Geige dann (Gott weiß woher)
erwacht und sagt ganz langsam:

Eine Blonde...

Ritter

Reitet der Ritter in schwarzem Stahl
hinaus in die rauschende Welt.

Und draußen ist Alles: der Tag und das Tal
und der Freund und der Feind und das Mahl im Saal
und der Mai und die Maid und der Wald und der Gral,
und Gott ist selber vieltausendmal
an alle Straßen gestellt.

Doch in dem Panzer des Ritters drinnen,
hinter den finstersten Ringen,
hockt der Tod und muß sinnen und sinnen:
Wann wird die Klinge springen
über die Eisenhecke,

die fremde befreiende Klinge,
die mich aus meinem Verstecke
holt, drin ich so viele
gebückte Tage verbringe, –
daß ich mich endlich strecke
und spiele
und singe.

MÄDCHENMELANCHOLIE

Mir fällt ein junger Ritter ein
fast wie ein alter Spruch.

Der kam. So kommt manchmal im Hain
der große Sturm und hüllt dich ein.
Der ging. So läßt das Benedein
der großen Glocken dich allein
oft mitten im Gebet...
Dann willst du in die Stille schrein,
und weinst doch nur ganz leis hinein
tief in dein kühles Tuch.

Mir fällt ein junger Ritter ein,
der weit in Waffen geht.

Sein Lächeln war so weich und fein:
wie Glanz auf altem Elfenbein,
wie Heimweh, wie ein Weihnachtsschein
im dunkeln Dorf, wie Türkisstein
um den sich lauter Perlen reihn,
wie Mondenschein
auf einem lieben Buch.

VON DEN MÄDCHEN

I

Andere müssen auf langen Wegen
zu den dunklen Dichtern gehn;
fragen immer irgendwen,
ob er nicht einen hat singen sehn
oder Hände auf Saiten legen.
Nur die Mädchen fragen nicht,
welche Brücke zu Bildern führe;
lächeln nur, lichter als Perlenschnüre,
die man an Schalen von Silber hält.

Aus ihrem Leben geht jede Türe
in einen Dichter
und in die Welt.

II

Mädchen, Dichter sind, die von euch lernen
das zu *sagen,* was ihr einsam *seid;*
und sie lernen leben an euch Fernen,
wie die Abende an großen Sternen
sich gewöhnen an die Ewigkeit.

Keine darf sich je dem Dichter schenken,
wenn sein Auge auch um Frauen bat;
denn er kann euch nur als Mädchen denken:
das Gefühl in euren Handgelenken
würde brechen von Brokat.

Laßt ihn einsam sein in seinem Garten,
wo er euch wie Ewige empfing

auf den Wegen, die er täglich ging,
bei den Bänken, welche schattig warten,
und im Zimmer, wo die Laute hing.

Geht! ... es dunkelt. Seine Sinne suchen
eure Stimme und Gestalt nicht mehr.
Und die Wege liebt er lang und leer
und kein Weißes unter dunklen Buchen, –
und die stumme Stube liebt er sehr.
... Eure Stimmen hört er ferne gehn
(unter Menschen, die er müde meidet)
und: sein zärtliches Gedenken leidet
im Gefühle, daß euch viele sehn.

DAS LIED DER BILDSÄULE

Wer ist es, wer mich so liebt, daß er
sein liebes Leben verstößt?
Wenn einer für mich ertrinkt im Meer,
so bin ich vom Steine zur Wiederkehr
ins Leben, ins Leben erlöst.

Ich sehne mich so nach dem rauschenden Blut;
der Stein ist so still.
Ich träume vom Leben: das Leben ist gut.
Hat keiner den Mut,
durch den ich erwachen will?

Und werd ich einmal im Leben sein,
das mir alles Goldenste giebt, –
– – – – – – – – – – – – – – – – –
so werd ich allein

weinen, weinen nach meinem Stein.
Was hilft mir mein Blut, wenn es reift wie der
Wein?
Es kann aus dem Meer nicht den Einen schrein,
der mich am meisten geliebt.

DER WAHNSINN

Sie muß immer sinnen: Ich bin ... ich bin...
Wer bist du denn, Marie?
   Eine Königin, eine Königin!
   In die Kniee vor mir, in die Knie!

Sie muß immer weinen: Ich war ... ich war...
Wer warst du denn, Marie?
   Ein Niemandskind, ganz arm und bar,
   und ich kann dir nicht sagen wie.

Und wurdest aus einem solchen Kind
eine Fürstin, vor der man kniet?
   Weil die Dinge alle anders sind,
   als man sie beim Betteln sieht.

So haben die Dinge dich groß gemacht,
und kannst du noch sagen wann?
   Eine Nacht, eine Nacht, über *eine* Nacht, –
   und sie sprachen mich anders an.
   Ich trat in die Gasse hinaus und sieh:
   die ist wie mit Saiten bespannt;
   da wurde Marie Melodie, Melodie...
   und tanzte von Rand zu Rand.
   Die Leute schlichen so ängstlich hin,

wie hart an die Häuser gepflanzt, –
denn das darf doch nur eine Königin,
daß sie tanzt in den Gassen: tanzt!...

DIE LIEBENDE

Ja ich sehne mich nach dir. Ich gleite
mich verlierend selbst mir aus der Hand,
ohne Hoffnung, daß ich Das bestreite,
was zu mir kommt wie aus deiner Seite
ernst und unbeirrt und unverwandt.

... jene Zeiten: O wie war ich Eines,
nichts was rief und nichts was mich verriet;
meine Stille war wie eines Steines,
über den der Bach sein Murmeln zieht.

Aber jetzt in diesen Frühlingswochen
hat mich etwas langsam abgebrochen
von dem unbewußten dunkeln Jahr.
Etwas hat mein armes warmes Leben
irgendeinem in die Hand gegeben,
der nicht weiß was ich noch gestern war.

DIE BRAUT

Ruf mich, Geliebter, ruf mich laut!
Laß deine Braut nicht so lange am Fenster stehn.
In den alten Platanenalleen
wacht der Abend nicht mehr:
sie sind leer.

Und kommst du mich nicht in das nächtliche Haus
mit deiner Stimme verschließen,
so muß ich mich aus meinen Händen hinaus
in die Gärten des Dunkelblaus
ergießen...

DIE STILLE

Hörst du, Geliebte, ich hebe die Hände –
hörst du: es rauscht...
Welche Gebärde der Einsamen fände
sich nicht von vielen Dingen belauscht?
Hörst du, Geliebte, ich schließe die Lider,
und auch *das* ist Geräusch bis zu dir.
Hörst du, Geliebte, ich hebe sie wieder...
... aber warum bist du nicht hier.

Der Abdruck meiner kleinsten Bewegung
bleibt in der seidenen Stille sichtbar;
unvernichtbar drückt die geringste Erregung
in den gespannten Vorhang der Ferne sich ein.
Auf meinen Atemzügen heben und senken
die Sterne sich.
Zu meinen Lippen kommen die Düfte zur Tränke,
und ich erkenne die Handgelenke
entfernter Engel.
Nur die ich denke: Dich
seh ich nicht.

MUSIK

Was spielst du, Knabe? Durch die Gärten gings
wie viele Schritte, flüsternde Befehle.
Was spielst du, Knabe? Siehe deine Seele
verfing sich in den Stäben der Syrinx.

Was lockst du sie? Der Klang ist wie ein Kerker,
darin sie sich versäumt und sich versehnt;
stark ist dein Leben, doch dein Lied ist stärker,
an deine Sehnsucht schluchzend angelehnt. –

Gieb ihr ein Schweigen, daß die Seele leise
heimkehre in das Flutende und Viele,
darin sie lebte, wachsend, weit und weise,
eh du sie zwangst in deine zarten Spiele.

Wie sie schon matter mit den Flügeln schlägt:
so wirst du, Träumer, ihren Flug vergeuden,
daß ihre Schwinge, vom Gesang zersägt,
sie nicht mehr über meine Mauern trägt,
wenn ich sie rufen werde zu den Freuden.

DIE ENGEL

Sie haben alle müde Münde
und helle Seelen ohne Saum.
Und eine Sehnsucht (wie nach Sünde)
geht ihnen manchmal durch den Traum.

Fast gleichen sie einander alle;
in Gottes Gärten schweigen sie,
wie viele, viele Intervalle
in seiner Macht und Melodie.

Nur wenn sie ihre Flügel breiten,
sind sie die Wecker eines Winds:
als ginge Gott mit seinen weiten
Bildhauerhänden durch die Seiten
im dunklen Buch des Anbeginns.

DER SCHUTZENGEL

Du bist der Vogel, dessen Flügel kamen,
wenn ich erwachte in der Nacht und rief.
Nur mit den Armen rief ich, denn dein Namen
ist wie ein Abgrund, tausend Nächte tief.
Du bist der Schatten, drin ich still entschlief,
und jeden Traum ersinnt in mir dein Samen, –
du bist das Bild, ich aber bin der Rahmen,
der dich ergänzt in glänzendem Relief.

Wie nenn ich dich? Sieh, meine Lippen lahmen.
Du bist der Anfang, der sich groß ergießt,
ich bin das langsame und bange Amen,
das deine Schönheit scheu beschließt.

Du hast mich oft aus dunklem Ruhn gerissen,
wenn mir das Schlafen wie ein Grab erschien
und wie Verlorengehen und Entfliehn, –
da hobst du mich aus Herzensfinsternissen
und wolltest mich auf allen Türmen hissen
wie Scharlachfahnen und wie Draperien.

Du: der von Wundern redet wie vom Wissen
und von den Menschen wie von Melodien
und von den Rosen: von Ereignissen,
die flammend sich in deinem Blick vollziehn, –
du Seliger, wann nennst du einmal Ihn,
aus dessen siebentem und letztem Tage
noch immer Glanz auf deinem Flügelschlage
verloren liegt...
Befiehlst du, daß ich frage?

MARTYRINNEN

Martyrin ist sie. Und als harten Falls
mit einem Ruck
das Beil durch ihre kurze Jugend ging,
da legte sich der feine rote Ring
um ihren Hals, und war der erste Schmuck,
den sie mit einem fremden Lächeln nahm;
aber auch den erträgt sie nur mit Scham.
Und wenn sie schläft, muß ihre junge Schwester
(die, kindisch noch, sich mit der Wunde schmückt
von jenem Stein, der ihr die Stirn erdrückt)
die harten Arme um den Hals ihr halten,
und oft im Traume fleht die andre: Fester, fester.
Und da fällt es dem Kinde manchmal ein,

die Stirne mit dem Bild von jenem Stein
zu bergen in des sanften Nachtgewandes Falten,
das von der Schwester Atmen hell sich hebt,
voll wie ein Segel, das vom Winde lebt.

Das ist die Stunde, da sie heilig sind,
die stille Jungfrau und das blasse Kind.

Da sind sie wieder wie vor allem Leide
und schlafen arm und haben keinen Ruhm,
und ihre Seelen sind wie weiße Seide,
und von derselben Sehnsucht beben beide
und fürchten sich vor ihrem Heldentum.

Und du kannst meinen: wenn sie aus den Betten
aufstünden bei dem nächsten Morgenlichte
und, mit demselben träumenden Gesichte,
die Gassen kämen in den kleinen Städten, –
es bliebe keiner hinter ihnen staunen,
kein Fenster klirrte an den Häuserreihn,
und nirgends bei den Frauen ging ein Raunen,
und keines von den Kindern würde schrein.
Sie schritten durch die Stille in den Hemden
(die flachen Falten geben keinen Glanz)
so fremd, und dennoch keinem zum Befremden,
so wie zu Festen, aber ohne Kranz.

DIE HEILIGE

Das Volk war durstig; also ging das eine
durstlose Mädchen, ging die Steine
um Wasser flehen für ein ganzes Volk.

Doch ohne Zeichen blieb der Zweig der Weide,
und sie ermattete am langen Gehn
und dachte endlich nur, daß einer leide,
(ein kranker Knabe, und sie hatten beide
sich einmal abends ahnend angesehn).
Da neigte sich die junge Weidenrute
in ihren Händen dürstend wie ein Tier:
jetzt ging sie blühend über ihrem Blute,
und rauschend ging ihr Blut tief unter ihr.

KINDHEIT

Da rinnt der Schule lange Angst und Zeit
mit Warten hin, mit lauter dumpfen Dingen.
O Einsamkeit, o schweres Zeitverbringen...
Und dann hinaus: die Straßen sprühn und klingen
und auf den Plätzen die Fontänen springen
und in den Gärten wird die Welt so weit –.
Und durch das alles gehn im kleinen Kleid,
ganz anders als die andern gehn und gingen –:
O wunderliche Zeit, o Zeitverbringen,
o Einsamkeit.

Und in das alles fern hinauszuschauen:
Männer und Frauen; Männer, Männer, Frauen
und Kinder, welche anders sind und bunt;
und da ein Haus und dann und wann ein Hund
und Schrecken lautlos wechselnd mit Vertrauen –:
O Trauer ohne Sinn, o Traum, o Grauen,
o Tiefe ohne Grund.

Und so zu spielen: Ball und Ring und Reifen
in einem Garten, welcher sanft verblaßt,
und manchmal die Erwachsenen zu streifen,
blind und verwildert in des Haschens Hast,
aber am Abend still, mit kleinen steifen
Schritten nachhaus zu gehn, fest angefaßt –:
O immer mehr entweichendes Begreifen,
o Angst, o Last.

Und stundenlang am großen grauen Teiche
mit einem kleinen Segelschiff zu knien;
es zu vergessen, weil noch andre, gleiche
und schönere Segel durch die Ringe ziehn,
und denken müssen an das kleine bleiche
Gesicht, das sinkend aus dem Teiche schien –:
O Kindheit, o entgleitende Vergleiche.
Wohin? Wohin?

AUS EINER KINDHEIT

Das Dunkeln war wie Reichtum in dem Raume,
darin der Knabe, sehr verheimlicht, saß.
Und als die Mutter eintrat wie im Traume,
erzitterte im stillen Schrank ein Glas.
Sie fühlte, wie das Zimmer sie verriet,
und küßte ihren Knaben: Bist du hier?...
Dann schauten beide bang nach dem Klavier,
denn manchen Abend hatte sie ein Lied,
darin das Kind sich seltsam tief verfing.

Es saß sehr still. Sein großes Schauen hing
an ihrer Hand, die ganz gebeugt vom Ringe,

als ob sie schwer in Schneewehn ginge,
über die weiße Tasten ging.

DER KNABE

Ich möchte einer werden so wie die,
die durch die Nacht mit wilden Pferden fahren,
mit Fackeln, die gleich aufgegangnen Haaren
in ihres Jagens großem Winde wehn.
Vorn möcht ich stehen wie in einem Kahne,
groß und wie eine Fahne aufgerollt.
Dunkel, aber mit einem Helm von Gold,
der unruhig glänzt. Und hinter mir gereiht
zehn Männer aus derselben Dunkelheit
mit Helmen, die, wie meiner, unstät sind,
bald klar wie Glas, bald dunkel, alt und blind.
Und einer steht bei mir und bläst uns Raum
mit der Trompete, welche blitzt und schreit,
und bläst uns eine schwarze Einsamkeit,
durch die wir rasen wie ein rascher Traum:
Die Häuser fallen hinter uns ins Knie,
die Gassen biegen sich uns schief entgegen,
die Plätze weichen aus: wir fassen sie,
und unsre Rosse rauschen, wie ein Regen.

DIE KONFIRMANDEN
(PARIS, IM MAI 1903)

In weißen Schleiern gehn die Konfirmanden
tief in das neue Grün der Gärten ein.
Sie haben ihre Kindheit überstanden,
und was jetzt kommt, wird anders sein.

O kommt es denn! Beginnt jetzt nicht die Pause,
das Warten auf den nächsten Stundenschlag?
Das Fest ist aus, und es wird laut im Hause,
und trauriger vergeht der Nachmittag...

Das war ein Aufstehn zu dem weißen Kleide
und dann durch Gassen ein geschmücktes Gehn
und eine Kirche, innen kühl wie Seide,
und lange Kerzen waren wie Alleen,
und alle Lichter schienen wie Geschmeide,
von feierlichen Augen angesehn.

Und es war still, als der Gesang begann:
Wie Wolken stieg er in der Wölbung an
und wurde hell im Niederfall; und linder
denn Regen fiel er in die weißen Kinder.
Und wie im Wind bewegte sich ihr Weiß,
und wurde leise bunt in seinen Falten
und schien verborgne Blumen zu enthalten —:
Blumen und Vögel, Sterne und Gestalten
aus einem alten fernen Sagenkreis.

Und draußen war ein Tag aus Blau und Grün
mit einem Ruf von Rot an hellen Stellen.
Der Teich entfernte sich in kleinen Wellen,
und mit dem Winde kam ein fernes Blühn
und sang von Gärten draußen vor der Stadt.

Es war, als ob die Dinge sich bekränzten,
sie standen licht, unendlich leicht besonnt;
ein Fühlen war in jeder Häuserfront,
und viele Fenster gingen auf und glänzten.

DAS ABENDMAHL

Sie sind versammelt, staunende Verstörte,
um ihn, der wie ein Weiser sich beschließt
und der sich fortnimmt denen er gehörte
und der an ihnen fremd vorüberfließt.
Die alte Einsamkeit kommt über ihn,
die ihn erzog zu seinem tiefen Handeln;
nun wird er wieder durch den Ölwald wandeln,
und die ihn lieben werden vor ihm fliehn.

Er hat sie zu dem letzten Tisch entboten
und (wie ein Schuß die Vögel aus den Schoten
scheucht) scheucht er ihre Hände aus den Broten
mit seinem Wort: sie fliegen zu ihm her;
sie flattern bange durch die Tafelrunde
und suchen einen Ausgang. Aber *er*
ist überall wie eine Dämmerstunde.

Des ersten Buches zweiter Teil

INITIALE

Aus unendlichen Sehnsüchten steigen
endliche Taten wie schwache Fontänen,
die sich zeitig und zitternd neigen.
Aber, die sich uns sonst verschweigen,
unsere fröhlichen Kräfte – zeigen
sich in diesen tanzenden Tränen.

ZUM EINSCHLAFEN ZU SAGEN

Ich möchte jemanden einsingen,
bei jemandem sitzen und sein.
Ich möchte dich wiegen und kleinsingen
und begleiten schlafaus und schlafein.
Ich möchte der Einzige sein im Haus,
der wüßte: die Nacht war kalt.
Und möchte horchen herein und hinaus
in dich, in die Welt, in den Wald.
Die Uhren rufen sich schlagend an,
und man sieht der Zeit auf den Grund.
Und unten geht noch ein fremder Mann
und stört einen fremden Hund.
Dahinter wird Stille. Ich habe groß
die Augen auf dich gelegt;
und sie halten dich sanft und lassen dich los,
wenn ein Ding sich im Dunkel bewegt.

MENSCHEN BEI NACHT

Die Nächte sind nicht für die Menge gemacht.
Von deinem Nachbar trennt dich die Nacht,

und du sollst ihn nicht suchen trotzdem.
Und machst du nachts deine Stube licht,
um Menschen zu schauen ins Angesicht,
so mußt du bedenken: wem.

Die Menschen sind furchtbar vom Licht entstellt,
das von ihren Gesichtern träuft,
und haben sie nachts sich zusammengestellt,
so schaust du eine wankende Welt
durcheinandergehäuft.
Auf ihren Stirnen hat gelber Schein
alle Gedanken verdrängt,
in ihren Blicken flackert der Wein,
an ihren Händen hängt
die schwere Gebärde, mit der sie sich
bei ihren Gesprächen verstehn;
und dabei sagen sie: *Ich* und *Ich*
und meinen: Irgendwen.

DER NACHBAR

Fremde Geige, gehst du mir nach?
In wieviel fernen Städten schon sprach
deine einsame Nacht zu meiner?
Spielen dich hunderte? Spielt dich einer?

Giebt es in allen großen Städten
solche, die sich ohne dich
schon in den Flüssen verloren hätten?
Und warum trifft es immer mich?

Warum bin ich immer der Nachbar derer,
die dich bange zwingen zu singen
und zu sagen: Das Leben ist schwerer
als die Schwere von allen Dingen.

PONT DU CARROUSEL

Der blinde Mann, der auf der Brücke steht,
grau wie ein Markstein namenloser Reiche,
er ist vielleicht das Ding, das immer gleiche,
um das von fern die Sternstunde geht,
und der Gestirne stiller Mittelpunkt.
Denn alles um ihn irrt und rinnt und prunkt.

Er ist der unbewegliche Gerechte,
in viele wirre Wege hingestellt;
der dunkle Eingang in die Unterwelt
bei einem oberflächlichen Geschlechte.

DER EINSAME

Wie einer, der auf fremden Meeren fuhr,
so bin ich bei den ewig Einheimischen;
die vollen Tage stehn auf ihren Tischen,
mir aber ist die Ferne voll Figur.

In mein Gesicht reicht eine Welt herein,
die vielleicht unbewohnt ist wie ein Mond,
sie aber lassen kein Gefühl allein,
und alle ihre Worte sind bewohnt.

Die Dinge, die ich weither mit mir nahm,
sehn selten aus, gehalten an das Ihre –:
in ihrer großen Heimat sind sie Tiere,
hier halten sie den Atem an vor Scham.

DIE ASCHANTI
(*Jardin d'Acclimatation*)

Keine Vision von fremden Ländern,
kein Gefühl von braunen Frauen, die
tanzen aus den fallenden Gewändern.

Keine wilde fremde Melodie.
Keine Lieder, die vom Blute stammten,
und kein Blut, das aus den Tiefen schrie.

Keine braunen Mädchen, die sich samten
breiteten in Tropenmüdigkeit;
keine Augen, die wie Waffen flammten,

und die Munde zum Gelächter breit.
Und ein wunderliches Sich-verstehen
mit der hellen Menschen Eitelkeit.

Und mir war so bange hinzusehen.

O wie sind die Tiere so viel treuer,
die in Gittern auf und niedergehn,
ohne Eintracht mit dem Treiben neuer
fremder Dinge, die sie nicht verstehn;
und sie brennen wie ein stilles Feuer
leise aus und sinken in sich ein,

teilnahmslos dem neuen Abenteuer
und mit ihrem großen Blut allein.

DER LETZTE

Ich habe kein Vaterhaus,
und habe auch keines verloren;
meine Mutter hat mich in die Welt hinaus
geboren.
Da steh ich nun in der Welt und geh
in die Welt immer tiefer hinein,
und habe mein Glück und habe mein Weh
und habe jedes allein.
Und bin doch manch eines Erbe.
Mit drei Zweigen hat mein Geschlecht geblüht
auf sieben Schlössern im Wald,
und wurde seines Wappens müd
und war schon viel zu alt; –
und was sie mir ließen und was ich erwerbe
zum alten Besitze, ist heimatlos.
In meinen Händen, in meinem Schooß
muß ich es halten, bis ich sterbe.
Denn was ich fortstelle,
hinein in die Welt,
fällt,
ist wie auf eine Welle
gestellt.

BANGNIS

Im welken Walde ist ein Vogelruf,
der sinnlos scheint in diesem welken Walde.
Und dennoch ruht der runde Vogelruf
in dieser Weile, die ihn schuf,
breit wie ein Himmel auf dem welken Walde.
Gefügig räumt sich alles in den Schrei:
Das ganze Land scheint lautlos drin zu liegen,
der große Wind scheint sich hineinzuschmiegen,
und die Minute, welche weiter will,
ist bleich und still, als ob sie Dinge wüßte,
an denen jeder sterben müßte,
aus ihm herausgestiegen.

KLAGE

O wie ist alles fern
und lange vergangen.
Ich glaube, der Stern,
von welchem ich Glanz empfange,
ist seit Jahrtausenden tot.
Ich glaube, im Boot,
das vorüberfuhr,
hörte ich etwas Banges sagen.
Im Hause hat eine Uhr
geschlagen...
In welchem Haus?...
Ich möchte aus meinem Herzen hinaus
unter den großen Himmel treten.
Ich möchte beten.
Und einer von allen Sternen

müßte wirklich noch sein.
Ich glaube, ich wüßte,
welcher allein
gedauert hat, –
welcher wie eine weiße Stadt
am Ende des Strahls in den Himmeln steht...

EINSAMKEIT

Die Einsamkeit ist wie ein Regen.
Sie steigt vom Meer den Abenden entgegen;
von Ebenen, die fern sind und entlegen,
geht sie zum Himmel, der sie immer hat.
Und erst vom Himmel fällt sie auf die Stadt.

Regnet hernieder in den Zwitterstunden,
wenn sich nach Morgen wenden alle Gassen
und wenn die Leiber, welche nichts gefunden,
enttäuscht und traurig von einander lassen;
und wenn die Menschen, die einander hassen,
in *einem* Bett zusammen schlafen müssen:

dann geht die Einsamkeit mit den Füßen...

HERBSTTAG

Herr: es ist Zeit. Der Sommer war sehr groß.
Leg deinen Schatten auf die Sonnenuhren,
und auf den Fluren laß die Winde los.

Befiehl den letzten Früchten voll zu sein;
gieb ihnen noch zwei südlichere Tage,

dränge sie zur Vollendung hin und jage
die letzte Süße in den schweren Wein.

Wer jetzt kein Haus hat, baut sich keines mehr.
Wer jetzt allein ist, wird es lange bleiben,
wird wachen, lesen, lange Briefe schreiben
und wird in den Alleen hin und her
unruhig wandern, wenn die Blätter treiben.

ERINNERUNG

Und du wartest, erwartest das Eine,
   das dein Leben unendlich vermehrt;
das Mächtige, Ungemeine,
das Erwachen der Steine,
Tiefen, dir zugekehrt.

Es dämmern im Bücherständer
die Bände in Gold und Braun;
und du denkst an durchfahrene Länder,
an Bilder, an die Gewänder
wiederverlorener Fraun.

Und da weißt du auf einmal: das war es.
Du erhebst dich, und vor dir steht
eines vergangenen Jahres
Angst und Gestalt und Gebet.

ENDE DES HERBSTES

Ich sehe seit einer Zeit,
wie alles sich verwandelt.
Etwas steht auf und handelt
und tötet und tut Leid.

Von Mal zu Mal sind all
die Gärten nicht dieselben;
von den gilbenden zu der gelben
langsamem Verfall:
wie war der Weg mir weit.

Jetzt bin ich bei den leeren
und schaue durch alle Alleen.
Fast bis zu den fernen Meeren
kann ich den ernsten schweren
verwehrenden Himmel sehn.

HERBST

Die Blätter fallen, fallen wie von weit,
als welkten in den Himmeln ferne Gärten;
sie fallen mit verneinender Gebärde.

Und in den Nächten fällt die schwere Erde
aus allen Sternen in die Einsamkeit.

Wir alle fallen. Diese Hand da fällt.
Und sieh dir andre an: es ist in allen.

Und doch ist Einer, welcher dieses Fallen
unendlich sanft in seinen Händen hält.

AM RANDE DER NACHT

Meine Stube und diese Weite,
wach über nachtendem Land, –
ist Eines. Ich bin eine Saite,
über rauschende breite
Resonanzen gespannt.

Die Dinge sind Geigenleiber,
von murrendem Dunkel voll;
drin träumt das Weinen der Weiber,
drin rührt sich im Schlafe der Groll
ganzer Geschlechter...
Ich soll
silbern erzittern: dann wird
Alles unter mir leben,
und was in den Dingen irrt,
wird nach dem Lichte streben,
das von meinem tanzenden Tone,
um welchen der Himmel wellt,
durch schmale, schmachtende Spalten
in die alten
Abgründe ohne
Ende fällt...

GEBET

Nacht, stille Nacht, in die verwoben sind
ganz weiße Dinge, rote, bunte Dinge,
verstreute Farben, die erhoben sind
zu Einem Dunkel Einer Stille, – bringe
doch mich auch in Beziehung zu dem Vielen,
das du erwirbst und überredest. Spielen
denn meine Sinne noch zu sehr mit Licht?
Würde sich denn mein Angesicht
noch immer störend von den Gegenständen
abheben? Urteile nach meinen Händen:
Liegen sie nicht wie Werkzeug da und Ding?
Ist nicht der Ring selbst schlicht
an meiner Hand, und liegt das Licht
nicht ganz so, voll Vertrauen, über ihnen, –
als ob sie Wege wären, die, beschienen,
nicht anders sich verzweigen, als im Dunkel?...

FORTSCHRITT

Und wieder rauscht mein tiefes Leben lauter,
als ob es jetzt in breitern Ufern ginge.
Immer verwandter werden mir die Dinge
und alle Bilder immer angeschauter.
Dem Namenlosen fühl ich mich vertrauter:
Mit meinen Sinnen, wie mit Vögeln, reiche
ich in die windigen Himmel aus der Eiche,
und in den abgebrochenen Tag der Teiche
sinkt, wie auf Fischen stehend, mein Gefühl.

VORGEFÜHL

Ich bin wie eine Fahne von Fernen umgeben.
Ich ahne die Winde, die kommen, und muß sie leben,
während die Dinge unten sich noch nicht rühren:
die Türen schließen noch sanft, und in den Kaminen
                                          ist Stille;
die Fenster zittern noch nicht, und der Staub ist noch
                                          schwer.

Da weiß ich die Stürme schon und bin erregt wie das
                                          Meer.
Und breite mich aus und falle in mich hinein
und werfe mich ab und bin ganz allein
in dem großen Sturm.

STURM

Wenn die Wolken, von Stürmen geschlagen,
        jagen:
Himmel von hundert Tagen
über einem einzigen Tag –:

Dann fühl ich dich, Hetman, von fern
(der du deine Kosaken gern
zu dem größten Herrn
führen wolltest).
Deinen waagrechten Nacken
fühl ich, Mazeppa.

Dann bin auch ich an das rasende Rennen
eines rauchenden Rückens gebunden;

alle Dinge sind mir verschwunden,
nur die Himmel kann ich erkennen:

Überdunkelt und überschienen
lieg ich flach unter ihnen,
wie Ebenen liegen;
meine Augen sind offen wir Teiche,
und in ihnen flüchtet das gleiche
Fliegen.

ABEND IN SKÅNE

Der Park ist hoch. Und wie aus einem Haus
tret ich aus seiner Dämmerung heraus
in Ebene und Abend. In den Wind,
denselben Wind, den auch die Wolken fühlen,
die hellen Flüsse und die Flügelmühlen,
die langsam mahlend stehn am Himmelsrand.
Jetzt bin auch ich ein Ding in seiner Hand,
das kleinste unter diesen Himmeln. – Schau:

Ist das Ein Himmel?:
                    Selig lichtes Blau,
in das sich immer reinere Wolken drängen,
und drunter alle Weiß in Übergängen,
und drüber jenes dünne, große Grau,
warmwallend wie auf roter Untermalung,
und über allem diese stille Strahlung
sinkender Sonne.

                    Wunderlicher Bau,
in sich bewegt und von sich selbst gehalten,

Gestalten bildend, Riesenflügel, Falten
und Hochgebirge vor den ersten Sternen
und plötzlich, da: ein Tor in solche Fernen,
wie sie vielleicht nur Vögel kennen...

ABEND

Der Abend wechselt langsam die Gewänder,
die ihm ein Rand von alten Bäumen hält;
du schaust: und von dir scheiden sich die Länder,
ein himmelfahrendes und eins, das fällt;

und lassen dich, zu keinem ganz gehörend,
nicht ganz so dunkel wie das Haus, das schweigt,
nicht ganz so sicher Ewiges beschwörend
wie das, was Stern wird jede Nacht und steigt –

und lassen dir (unsäglich zu entwirrn)
dein Leben bang und riesenhaft und reifend,
so daß es, bald begrenzt und bald begreifend,
abwechselnd Stein in dir wird und Gestirn.

ERNSTE STUNDE

Wer jetzt weint irgendwo in der Welt,
ohne Grund weint in der Welt,
weint über mich.

Wer jetzt lacht irgendwo in der Nacht,
ohne Grund lacht in der Nacht,
lacht mich aus.

Wer jetzt geht irgendwo in der Welt,
  ohne Grund geht in der Welt,
  geht zu mir.

Wer jetzt stirbt irgendwo in der Welt,
  ohne Grund stirbt in der Welt:
  sieht mich an.

STROPHEN

Ist einer, der nimmt alle in die Hand,
daß sie wie Sand durch seine Finger rinnen.
Er wählt die schönsten aus den Königinnen
und läßt sie sich in weißen Marmor hauen,
still liegend in des Mantels Melodie;
und legt die Könige zu ihren Frauen,
gebildet aus dem gleichen Stein wie sie.

Ist einer, der nimmt alle in die Hand,
daß sie wie schlechte Klingen sind und brechen.
Er ist kein Fremder, denn er wohnt im Blut,
das unser Leben ist und rauscht und ruht.
Ich kann nicht glauben, daß er Unrecht tut;
doch hör ich viele Böses von ihm sprechen.

Des zweiten Buches erster Teil

INITIALE

Gieb deine Schönheit immer hin
ohne Rechnen und Reden.
Du schweigst. Sie sagt für dich: Ich bin.
Und kommt in tausendfachem Sinn,
kommt endlich über jeden.

VERKÜNDIGUNG
DIE WORTE DES ENGELS

Du bist nicht näher an Gott als wir;
wir sind ihm alle weit.
Aber wunderbar sind dir
die Hände benedeit.
So reifen sie bei keiner Frau,
so schimmernd aus dem Saum:
ich bin der Tag, ich bin der Tau,
du aber bist der Baum.

Ich bin jetzt matt, mein Weg war weit,
vergieb mir, ich vergaß,
was Er, der groß in Goldgeschmeid
wie in der Sonne saß,
dir künden ließ, du Sinnende,
(verwirrt hat mich der Raum).
Sieh: ich bin das Beginnende,
du aber bist der Baum.

Ich spannte meine Schwingen aus
und wurde seltsam weit;
jetzt überfließt dein kleines Haus

von meinem großen Kleid.
Und dennoch bist du so allein
wie nie und schaust mich kaum;
das macht: ich bin ein Hauch im Hain,
du aber bist der Baum.

Die Engel alle bangen so,
lassen einander los:
noch nie war das Verlangen so,
so ungewiß und groß.
Vielleicht, daß Etwas bald geschieht,
das du im Traum begreifst.
Gegrüßt sei, meine Seele sieht:
du bist bereit und reifst.
Du bist ein großes, hohes Tor,
und aufgehn wirst du bald.
Du, meines Liedes liebstes Ohr,
jetzt fühle ich: mein Wort verlor
sich in dir wie im Wald.

So kam ich und vollendete
dir tausendeinen Traum.
Gott sah mich an; er blendete...

Du aber bist der Baum.

DIE HEILIGEN DREI KÖNIGE
LEGENDE

Einst als am Saum der Wüsten sich
auftat die Hand des Herrn
wie eine Frucht, die sommerlich
verkündet ihren Kern,
da war ein Wunder: Fern
erkannten und begrüßten sich
drei Könige und ein Stern.

Drei Könige von Unterwegs
und der Stern Überall,
die zogen alle (überlegs!)
so rechts ein Rex und links ein Rex
zu einem stillen Stall.

Was brachten die nicht alles mit
zum Stall von Bethlehem!
Weithin erklirrte jeder Schritt,
und der auf einem Rappen ritt,
saß samten und bequem.
Und der zu seiner Rechten ging,
der war ein goldner Mann,
und der zu seiner Linken fing
mit Schwung und Schwing
und Klang und Kling
aus einem runden Silberding,
das wiegend und in Ringen hing,
ganz blau zu rauchen an.
Da lachte der Stern Überall
so seltsam über sie,

und lief voraus und stand am Stall
und sagte zu Marie:

Da bring ich eine Wanderschaft
aus vieler Fremde her.
Drei Könige mit *magenkraft*[*],
von Gold und Topas schwer
und dunkel, tumb und heidenhaft, –
erschrick mir nicht zu sehr.
Sie haben alle drei zuhaus
zwölf Töchter, keinen Sohn,
so bitten sie sich deinen aus
als Sonne ihres Himmelblaus
und Trost für ihren Thron.
Doch mußt du nicht gleich glauben: bloß
ein Funkelfürst und Heidenscheich
sei deines Sohnes Los.
Bedenk, der Weg ist groß.
Sie wandern lange, Hirten gleich,
inzwischen fällt ihr reifes Reich
weiß Gott wem in den Schooß.
Und während hier, wie Westwind warm,
der Ochs ihr Ohr umschnaubt,
sind sie vielleicht schon alle arm
und so wie ohne Haupt.
Drum mach mit deinem Lächeln licht
die Wirrnis, die sie sind,
und wende du dein Angesicht
nach Aufgang und dein Kind;
dort liegt in blauen Linien,

[*] *mittelhochdeutsch: ›Macht‹ ‹RMR.›*

was jeder dir verließ:
Smaragda und Rubinien
und die Tale von Türkis.

IN DER CERTOSA

Ein jeder aus der weißen Bruderschaft
vertraut sich pflanzend seinem kleinen Garten.
Auf jedem Beete steht, wer jeder sei.
Und Einer harrt in heimlichen Hoffahrten,
daß ihm im Mai
die ungestümen Blüten offenbarten
ein Bild von seiner unterdrückten Kraft.

Und seine Hände halten, wie erschlafft,
sein braunes Haupt, das schwer ist von den Säften,
die ungeduldig durch das Dunkel rollen,
und sein Gewand, das faltig, voll und wollen,
zu seinen Füßen fließt, ist stramm gestrafft
um seinen Armen, die, gleich starken Schäften,
die Hände tragen, welche träumen sollen.

Kein Miserere und kein Kyrie
will seine junge, runde Stimme ziehn,
vor keinem Fluche will sie fliehn:
sie ist kein Reh.
Sie ist ein Roß und bäumt sich im Gebiß,
und über Hürde, Hang und Hindernis
will sie ihn tragen, weit und weggewiß,
ganz ohne Sattel will sie tragen ihn.

Er aber sitzt, und unter den Gedanken
zerbrechen fast die breiten Handgelenke,
so schwer wird ihm der Sinn und immer schwerer.

Der Abend kommt, der sanfte Wiederkehrer,
ein Wind beginnt, die Wege werden leerer,
und Schatten sammeln sich im Talgesenke.

Und wie ein Kahn, der an der Kette schwankt,
so wird der Garten ungewiß und hangt
wie windgewiegt auf lauter Dämmerung.
Wer löst ihn los?...

Der Frate ist so jung,
und langelang ist seine Mutter tot.
Er weiß von ihr: sie nannten sie *La Stanca;*
sie war ein Glas, ganz zart und klar. Man bot
es einem, der es nach dem Trunk zerschlug
wie einen Krug.

So ist der Vater.
Und er hat sein Brot
als Meister in den roten Marmorbrüchen.
Und jede Wöchnerin in Pietrabianca
hat Furcht, daß er des Nachts mit seinen Flüchen
vorbei an ihrem Fenster kommt und droht.

Sein Sohn, den er der Donna Dolorosa
geweiht in einer Stunde wilder Not,
sinnt im Arkadenhofe der Certosa,
sinnt, wie umrauscht von rötlichen Gerüchen:
denn seine Blumen blühen alle rot.

DAS JÜNGSTE GERICHT

AUS DEN BLÄTTERN EINES MÖNCHS

Sie werden Alle wie aus einem Bade
aus ihren mürben Grüften auferstehn;
denn alle glauben an der Wiedersehn,
und furchtbar ist ihr Glauben, ohne Gnade.

Sprich leise, Gott! Es könnte einer meinen,
daß die Posaune deiner Reiche rief;
und ihrem Ton ist keine Tiefe tief:
da steigen alle Zeiten aus den Steinen,
und alle die Verschollenen erscheinen
in welken Leinen, brüchigen Gebeinen
und von der Schwere ihrer Schollen schief.
Das wird ein wunderliches Wiederkehren
in eine wunderliche Heimat sein;
auch die dich niemals kannten, werden schrein
und deine Größe wie ein Recht begehren:
wie Brot und Wein.

Allschauender, du kennst das wilde Bild,
das ich in meinem Dunkel zitternd dichte.
Durch dich kommt Alles, denn du bist das Tor, –
und Alles war in deinem Angesichte,
eh es in unserm sich verlor.
Du kennst das Bild vom riesigen Gerichte:

Ein Morgen ist es, doch aus einem Lichte,
das deine reife Liebe nie erschuf,
ein Rauschen ist es, nicht aus deinem Ruf,
ein Zittern, nicht von göttlichem Verzichte,

ein Schwanken, nicht in deinem Gleichgewichte.
Ein Rascheln ist und ein Zusammenraffen
in allen den geborstenen Gebäuden,
ein Sichentgelten und ein Sichvergeuden,
ein Sichbegatten und ein Sichbegaffen,
und ein Betasten aller alten Freuden
und aller Lüste welke Wiederkehr.
Und über Kirchen, die wie Wunden klaffen,
ziehn schwarze Vögel, die du nie erschaffen,
in irren Zügen hin und her.

So ringen sie, die lange Ausgeruhten,
und packen sich mit ihren nackten Zähnen
und werden bange, weil sie nicht mehr bluten,
und suchen, wo die Augenbecher gähnen,
mit kalten Fingern nach den toten Tränen.
Und werden müde. Wenige Minuten
nach ihrem Morgen bricht ihr Abend ein.
Sie werden ernst und lassen sich allein
und sind bereit, im Sturme aufzusteigen,
wenn sich auf deiner Liebe heitrem Wein
die dunklen Tropfen deines Zornes zeigen,
um deinem Urteil nah zu sein.
Und da beginnt es, nach dem großen Schrein:
das übergroße fürchterliche Schweigen.

Sie sitzen alle wie vor schwarzen Türen
in einem Licht, das sie, wie mit Geschwüren,
mit vielen grellen Flecken übersät.
Und wachsend wird der Abend alt und spät.
Und Nächte fallen dann in großen Stücken
auf ihre Hände und auf ihren Rücken,

der wankend sich mit schwarzer Last belädt.
Sie warten lange. Ihre Schultern schwanken
unter dem Drucke wie ein dunkles Meer,
sie sitzen, wie versunken in Gedanken,
und sind doch leer.
Was stützen sie die Stirnen?
Ihre Gehirne denken irgendwo
tief in der Erde, eingefallen, faltig:
Die ganze alte Erde denkt gewaltig,
und ihre großen Bäume rauschen so.

Allschauender, gedenkst du dieses bleichen
und bangen Bildes, das nicht seinesgleichen
unter den Bildern deines Willens hat?
Hast du nicht Angst vor dieser stummen Stadt,
die, an dir hangend wie ein welkes Blatt,
sich heben will zu deines Zornes Zeichen?
O, greife allen Tagen in die Speichen,
daß sie zu bald nicht diesem Ende nahen, –
vielleicht gelingt es dir noch auszuweichen
dem großen Schweigen, das wir beide sahen.
Vielleicht kannst du noch einen aus uns heben,
der diesem fürchterlichen Wiederleben
den Sinn, die Sehnsucht und die Seele nimmt,
einen, der bis in seinen Grund ergrimmt
und dennoch froh, durch alle Dinge schwimmt,
der Kräfte unbekümmerter Verbraucher,
der sich auf allen Saiten geigt
und unversehrt als unerkannter Taucher
in alle Tode niedersteigt.
... Oder, wie hoffst du diesen Tag zu tragen,
der länger ist als aller Tage Längen,

mit seines Schweigens schrecklichen Gesängen,
wenn dann die Engel dich, wie lauter Fragen,
mit ihrem schauerlichen Flügelschlagen
umdrängen?
Sieh, wie sie zitternd in den Schwingen hängen
und dir mit hunderttausend Augen klagen,
und ihres sanften Liedes Stimmen wagen
sich aus den vielen wirren Übergängen
nicht mehr zu heben zu den klaren Klängen.
Und wenn die Greise mit den breiten Bärten,
die dich berieten bei den besten Siegen,
nur leise ihre weißen Häupter wiegen,
und wenn die Frauen, die den Sohn dir nährten,
und die von ihm Verführten, die Gefährten,
und alle Jungfraun, die sich ihm gewährten:
die lichten Birken deiner dunklen Gärten, –
wer soll dir helfen, wenn sie alle schwiegen?

Und nur dein Sohn erhübe sich unter denen,
welche sitzen um deinen Thron.
Grübe sich deine Stimme dann in sein Herz?
Sagte dein einsamer Schmerz dann:
Sohn!
Suchtest du dann das Angesicht
dessen, der das Gericht gerufen,
dein Gericht und deinen Thron:
Sohn!
Hießest du, Vater, dann deinen Erben,
leise begleitet von Magdalenen,
niedersteigen zu jenen,
die sich sehnen, wieder zu sterben?

Das wäre dein letzter Königserlaß,
die letzte Huld und der letzte Haß.
Aber dann käme Alles zu Ruh:
der Himmel und das Gericht und du.
Alle Gewänder des Rätsels der Welt,
das sich so lange verschleiert hält,
fallen mit dieser Spange.
... Doch mir ist bange...

Allschauender, sieh, wie mir bange ist,
miß meine Qual!
Mir ist bange, daß du schon lange vergangen bist.
Als du zum erstenmal
in deinem Alleserfassen
das Bild dieses blassen
Gerichtes sahst,
dem du dich hülflos nahst, Allschauender.
Bist du damals entflohn?
Wohin?
Vertrauender
kann keiner dir kommen
als ich,
der ich dich
nicht um Lohn
verraten will wie alle die Frommen.
Ich will nur, weil ich verborgen bin
und müde wie du, noch müder vielleicht,
und weil meine Angst vor dem großen Gericht
deiner gleicht,
will ich mich dicht,
Gesicht bei Gesicht,
an dich heften;

mit einigen Kräften
werden wir wehren dem großen Rade,
über welches die mächtigen Wasser gehn,
die rauschen und schnauben –
denn: wehe, sie werden auferstehn.
So ist ihr Glauben: groß und ohne Gnade.

KARL DER ZWÖLFTE VON SCHWEDEN
REITET IN DER UKRAINE

Könige in Legenden
sind wie Berge im Abend. Blenden
jeden, zu dem sie sich wenden.
Die Gürtel um ihre Lenden
und die lastenden Mantelenden
sind Länder und Leben wert.
Mit den reichgekleideten Händen
geht, schlank und nackt, das Schwert.

*

Ein junger König aus Norden war
in der Ukraine geschlagen.
Der haßte Frühling und Frauenhaar
und die Harfen und was sie sagen.
Der ritt auf einem grauen Pferd,
sein Auge schaute grau
und hatte niemals Glanz begehrt
zu Füßen einer Frau.
Keine war seinem Blicke blond,
keine hat küssen ihn gekonnt;
und wenn er zornig war,
so riß er einen Perlenmond

aus wunderschönem Haar.
Und wenn ihn Trauer überkam,
so machte er ein Mädchen zahm
und forschte, wessen Ring sie nahm
und wem sie ihren bot –
und: hetzte ihr den Bräutigam
mit hundert Hunden tot.

Und er verließ sein graues Land,
das ohne Stimme war,
und ritt in einen Widerstand
und kämpfte um Gefahr,
bis ihn das Wunder überwand:
wie träumend ging ihm seine Hand
von Eisenband zu Eisenband
und war kein Schwert darin;
er war zum Schauen aufgewacht:
es schmeichelte die schöne Schlacht
um seinen Eigensinn.
Er saß zu Pferde: ihm entging
keine Gebärde rings.
Auf Silber sprach jetzt Ring zu Ring,
und Stimme war in jedem Ding,
und wie in vielen Glocken hing
die Seele jedes Dings.
Und auch der Wind war anders groß,
der in die Fahnen sprang,
schlank wie ein Panther, atemlos
und taumelnd vom Trompetenstoß,
der lachend mit ihm rang.
Und manchmal griff der Wind hinab:
da ging ein Blutender, – ein Knab,

welcher die Trommel schlug;
er trug sie immer auf und ab
und trug sie wie sein Herz ins Grab
vor seinem toten Zug.
Da wurde mancher Berg geballt,
als wär die Erde noch nicht alt
und baute sich erst auf;
bald stand das Eisen wie Basalt,
bald schwankte wie ein Abendwald
mit breiter steigender Gestalt
der großbewegte Hauf.
Es dampfte dumpf die Dunkelheit,
was dunkelte war nicht die Zeit, –
und alles wurde grau,
aber schon fiel ein neues Scheit,
und wieder ward die Flamme breit
und festlich angefacht.
Sie griffen an: in fremder Tracht
ein Schwarm phantastischer Provinzen;
wie alles Eisen plötzlich lacht:
von einem silberlichten Prinzen
erschimmerte die Abendschlacht.
Die Fahnen flatterten wie Freuden,
und Alle hatten königlich
in ihren Gesten ein Vergeuden, –
an fernen flammenden Gebäuden
entzündeten die Sterne sich...

Und Nacht war. Und die Schlacht trat sachte
zurück wie ein sehr müdes Meer,
das viele fremde Tote brachte,
und alle Toten waren schwer.

Vorsichtig ging das graue Pferd
(von großen Fäusten abgewehrt)
durch Männer, welche fremd verstarben,
und trat auf flaches, schwarzes Gras.
Der auf dem grauen Pferde saß,
sah unten auf den feuchten Farben
viel Silber wie zerschelltes Glas.
Sah Eisen welken, Helme trinken
und Schwerter stehn in Panzernaht,
sterbende Hände sah er winken
mit einem Fetzen von Brokat...
Und sah es nicht.

Und ritt dem Lärme
der Feldschlacht nach, als ob er schwärme,
mit seinen Wangen voller Wärme
und mit den Augen von Verliebten...

DER SOHN

Mein Vater war ein verbannter
König von überm Meer.
Ihm kam einmal ein Gesandter:
sein Mantel war ein Panther,
und sein Schwert war schwer.

Mein Vater war wie immer
ohne Helm und Hermelin;
es dunkelte das Zimmer
wie immer arm um ihn.

Es zitterten seine Hände
und waren blaß und leer, –
in bilderlose Wände
blicklos schaute er.

Die Mutter ging im Garten
und wandelte weiß im Grün,
und wollte den Wind erwarten
vor dem Abendglühn.
Ich träumte, sie würde mich rufen,
aber sie ging allein, –
ließ mich vom Rande der Stufen
horchen verhallenden Hufen
und ins Haus hinein:

Vater! Der fremde Gesandte...?
Der reitet wieder im Wind...
Was wollte der? Er erkannte
dein blondes Haar, mein Kind.
Vater! Wie war er gekleidet!
Wie der Mantel von ihm floß!
Geschmiedet und geschmeidet
war Schulter, Brust und Roß.
Er war eine Stimme im Stahle,
er war ein Mann aus Nacht, –
aber er hat eine schmale
Krone mitgebracht.
Sie klang bei jedem Schritte
an sein sehr schweres Schwert,
die Perle in ihrer Mitte
ist viele Leben wert.
Vom zornigen Ergreifen

verbogen ist der Reifen,
der oft gefallen war:
es ist eine Kinderkrone, –
denn Könige sind ohne;
– gieb sie meinem Haar!
Ich will sie manchmal tragen
in Nächten, blaß vor Scham.
Und will dir, Vater, sagen,
woher der Gesandte kam.
Was dort die Dinge gelten,
ob steinern steht die Stadt,
oder ob man in Zelten
mich erwartet hat.

Mein Vater war ein Gekränkter
und kannte nur wenig Ruh.
Er hörte mir mit verhängter
Stirne nächtelang zu.
Mir lag im Haar der Ring.
Und ich sprach ganz nahe und sachte,
daß die Mutter nicht erwachte, –
die an dasselbe dachte,
wenn sie, ganz weiß gelassen,
vor abendlichen Massen
durch dunkle Gärten ging.

*

… So wurden wir verträumte Geiger,
die leise aus den Türen treten,
um auszuschauen, eh sie beten,
ob nicht ein Nachbar sie belauscht.
Die erst, wenn alle sich zerstreuten,

hinter dem letzten Abendläuten,
die Lieder spielen, hinter denen
(wie Wald im Wind hinter Fontänen)
der dunkle Geigenkasten rauscht.
Denn dann nur sind die Stimmen gut,
wenn Schweigsamkeiten sie begleiten,
wenn hinter dem Gespräch der Saiten
Geräusche bleiben wie von Blut;
und bang und sinnlos sind die Zeiten,
wenn hinter ihren Eitelkeiten
nicht etwas waltet, welches ruht.

Geduld: es kreist der leise Zeiger,
und was verheißen ward, wird sein:
Wir sind die Flüstrer vor dem Schweiger,
wir sind die Wiesen vor dem Hain;
in ihnen geht noch dunkles Summen –
(viel Stimmen sind und doch kein Chor)
und sie bereiten auf die stummen
tiefen heiligen Haine vor...

DIE ZAREN
Ein Gedicht-Kreis (1899 und 1906)

I

Das war in Tagen, da die Berge kamen:
die Bäume bäumten sich, die noch nicht zahmen,
und rauschend in die Rüstung stieg der Strom.
Zwei fremde Pilger riefen einen Namen,
und aufgewacht aus seinem langen Lahmen
war Ilija, der Riese von Murom.

Die alten Eltern brachen in den Äckern
an Steinen ab und an dem wilden Wuchs;
da kam der Sohn, ganz groß, von seinen Weckern
und zwang die Furchen in die Furcht des Pflugs.
Er hob die Stämme, die wie Streiter standen,
und lachte ihres wankenden Gewichts,
und aufgestört wie schwarze Schlangen wanden
die Wurzeln, welche nur das Dunkel kannten,
sich in dem breiten Griff des Lichts.

Es stärkte sich im frühen Tau die Mähre,
in deren Adern Kraft und Adel schlief;
sie reifte unter ihres Reiters Schwere,
ihr Wiehern war wie eine Stimme tief, –
und beide fühlten, wie das Ungefähre
sie mit verheißenden Gefahren rief.

Und reiten, reiten ... vielleicht tausend Jahre.
Wer zählt die Zeit, wenn einmal Einer will.
(Vielleicht saß er auch tausend Jahre still.)
Das Wirkliche ist wie das Wunderbare:
es mißt die Welt mit eigenmächtigen Maßen;
Jahrtausende sind ihm zu jung.

Weit schreiten werden, welche lange saßen
in ihrer tiefen Dämmerung.

II

Noch drohen große Vögel allenthalben,
und Drachen glühn und hüten überall
der Wälder Wunder und der Schluchten Fall;

und Knaben wachsen an, und Männer salben
sich zu dem Kampfe mit der Nachtigall,

die oben in den Kronen von neun Eichen
sich lagert wie ein tausendfaches Tier,
und abends geht ein Schreien ohnegleichen,
ein schreiendes Bis-an-das-Ende-Reichen,
und geht die ganze Nacht lang aus von ihr;

die Frühlingsnacht, die schrecklicher als alles
und schwerer war und banger zu bestehn:
ringsum kein Zeichen eines Überfalles
und dennoch alles voller Übergehn,
hinwerfend sich und Stück für Stück sich gebend,
ja jenes Etwas, welches um sich griff,
anrufend noch, am ganzen Leibe bebend
und darin untergehend wie ein Schiff.

Das waren Überstarke, die da blieben,
von diesem Riesigen nicht aufgerieben,
das aus den Kehlen wie aus Kratern brach;
sie dauerten, und alternd nach und nach
begriffen sie die Bangnis der Aprile,
und ihre ruhigen Hände hielten viele
und führten sie durch Furcht und Ungemach
zu Tagen, da sie froher und gesünder
die Mauern bauten um die Städtegründer,
die über allem gut und kundig saßen.

Und schließlich kamen auf den ersten Straßen
aus Höhlen und verhaßten Hinterhalten
die Tiere, die für unerbittlich galten.

Sie stiegen still aus ihren Übermaßen
(beschämte und veraltete Gewalten)
und legten sich gehorsam vor die Alten.

III

Seine Diener füttern mit mehr und mehr
ein Rudel von jenen wilden Gerüchten,
die auch noch Er sind, alles noch Er.

Seine Günstlinge flüchten vor ihm her.

Und seine Frauen flüstern und stiften
Bünde. Und er hört sie ganz innen
in ihren Gemächern mit Dienerinnen,
die sich scheu umsehn, sprechen von Giften.

Alle Wände sind hohl von Schränken und Fächern,
Mörder ducken unter den Dächern
und spielen Mönche mit viel Geschick.

Und er hat nichts als einen Blick
dann und wann; als den leisen
Schritt auf den Treppen die kreisen;
nichts als das Eisen an seinem Stock.

Nichts als den dürftigen Büßerrock
(durch den die Kälte aus den Fliesen
an ihm hinaufkriecht wie mit Krallen)
nichts, was er zu rufen wagt,
nichts als die Angst vor allen diesen,
nichts als die tägliche Angst vor Allen,

die ihn jagt durch diese gejagten
Gesichter, an dunklen ungefragten
vielleicht schuldigen Händen entlang.

Manchmal packt er Einen im Gang
grade noch an des Mantels Falten,
und er zerrt ihn zornig her;
aber im Fenster weiß er nicht mehr:
wer ist Haltender? Wer ist gehalten?
Wer bin ich und wer ist der?

IV

Es ist die Stunde, da das Reich sich eitel
in seines Glanzes vielen Spiegeln sieht.

Der blasse Zar, des Stammes letztes Glied,
träumt auf dem Thron, davor das Fest geschieht,
und leise zittert sein beschämter Scheitel
und seine Hand, die vor den Purpurlehnen
mit einem unbestimmten Sehnen
ins wirre Ungewisse flieht.

Und um sein Schweigen neigen sich Bojaren
in blanken Panzern und in Pantherfellen,
wie viele fremde fürstliche Gefahren,
die ihn mit stummer Ungeduld umstellen.
Tief in den Saal schlägt ihre Ehrfurcht Wellen.

Und sie gedenken eines andern Zaren,
der oft mit Worten, die aus Wahnsinn waren,
ihnen die Stirnen an die Steine stieß.

Und denken also weiter: *jener* ließ
nicht so viel Raum, wenn er zu Throne saß,
auf dem verwelkten Samt des Kissens leer.

Er war der Dinge dunkles Maß,
und die Bojaren wußten lang nicht mehr,
daß rot der Sitz des Sessels sei, so schwer
lag sein Gewand und wurde golden breit.

Und weiter denken sie: das Kaiserkleid
schläft auf den Schultern dieses Knaben ein.
Obgleich im ganzen Saal die Fackeln flacken,
sind bleich die Perlen, die in sieben Reihn,
wie weiße Kinder, knien um seinen Nacken,
und die Rubine an den Ärmelzacken,
die einst Pokale waren, klar von Wein,
sind schwarz wie Schlacken –

Und ihr Denken schwillt.

Es drängt sich heftig an den blassen Kaiser,
auf dessen Haupt die Krone immer leiser
und dem der Wille immer fremder wird;
er lächelt. Lauter prüfen ihn die Preiser,
ihr Neigen nähert sich, sie schmeicheln heiser,
und eine Klinge hat im Traum geklirrt.

V

Der blasse Zar wird nicht am Schwerte sterben,
die fremde Sehnsucht macht ihn sakrosankt;
er wird die feierlichen Reiche erben,
an denen seine sanfte Seele krankt.

Schon jetzt, hintretend an ein Kremlfenster,
sieht er ein Moskau, weißer, unbegrenzter,
in seine endlich fertige Nacht gewebt;
so wie es ist im ersten Frühlingswirken,
wenn in den Gassen der Geruch aus Birken
von lauter Morgenglocken bebt.

Die großen Glocken, die so herrisch lauten,
sind seine Väter, jene ersten Zaren,
die sich noch vor den Tagen der Tataren
aus Sagen, Abenteuern und Gefahren,
aus Zorn und Demut zögernd auferbauten.

Und er begreift auf einmal, wer sie waren,
und daß sie oft um ihres Dunkels Sinn
in *seine* eignen Tiefen niedertauchten
und ihn, den Leisesten von den Erlauchten,
in ihren Taten groß und fromm verbrauchten
schon lang vor seinem Anbeginn.

Und eine Dankbarkeit kommt über ihn,
daß sie ihn so verschwenderisch vergeben
an aller Dinge Durst und Drang.
Er war die Kraft zu ihrem Überschwang,

der goldne Grund, vor dem ihr breites Leben
geheimnisvoll zu dunkeln schien.

In allen ihren Werken schaut er *sich,*
wie eingelegtes Silber in Zieraten,
und es giebt keine Tat in ihren Taten,
die nicht auch *war* in seinen stillen Staaten,
in denen alles Handelns Rot verblich.

VI

Noch immer schauen in den Silberplatten
wie tiefe Frauenaugen die Saphire,
Goldranken schlingen sich wie schlanke Tiere,
die sich im Glanze ihrer Brünste gatten,
und sanfte Perlen warten in dem Schatten
wilder Gebilde, daß ein Schimmer ihre
stillen Gesichter finde und verliere.
Und das ist Mantel, Strahlenkranz und Land,
und ein Bewegen geht von Rand zu Rand,
wie Korn im Wind und wie ein Fluß im Tale,
so glänzt es wechselnd durch die Rahmenwand.

In ihrer Sonne dunkeln drei Ovale:
das große giebt dem Mutterantlitz Raum,
und rechts und links hebt eine mandelschmale
Jungfrauenhand sich aus dem Silbersaum.
Die beiden Hände, seltsam still und braun,
verkünden, daß im köstlichen Ikone
die Königliche wie im Kloster wohne,
die überfließen wird von jenem Sohne,

73

von jenem Tropfen, drinnen wolkenohne
die niegehofften Himmel blaun.

Die Hände zeugen noch dafür;
aber das Antlitz ist wie eine Tür
in warme Dämmerungen aufgegangen,
in die das Lächeln von den Gnadenwangen
mit seinem Lichte irrend, sich verlor.
Da neigt sich tief der Zar davor und spricht:

Fühltest Du nicht, wie sehr wir in Dich drangen
mit allem Fühlen, Fürchten und Verlangen:
wir warten auf Dein liebes Angesicht,
das uns vergangen ist; wohin vergangen?:

Den großen Heiligen vergeht es nicht.

Er bebte tief in seinem steifen Kleid,
das strahlend stand. Er wußte nicht, wie weit
er schon von allem war, und ihrem Segnen
wie selig nah in seiner Einsamkeit.

Noch sinnt und sinnt der blasse Gossudar.
Und sein Gesicht, das unterm kranken Haar
schon lange tief und wie im Fortgehn war,
verging, wie jenes in dem Goldovale,
in seinem großen goldenen Talar.

(Um ihrem Angesichte zu begegnen.)

Zwei Goldgewänder schimmerten im Saale
und wurden in dem Glanz der Ampeln klar.

DER SÄNGER SINGT VOR EINEM
FÜRSTENKIND

Dem Andenken von Paula Becker-Modersohn

Du blasses Kind, an jedem Abend soll
der Sänger dunkel stehn bei deinen Dingen
und soll dir Sagen, die im Blute klingen,
über die Brücke seiner Stimme bringen
und eine Harfe, seiner Hände voll.

Nicht aus der Zeit ist, was er dir erzählt,
gehoben ist es wie aus Wandgeweben;
solche Gestalten hat es nie gegeben, –
und Niegewesenes nennt er das Leben.
Und heute hat er diesen Sang erwählt:

Du blondes Kind von Fürsten und aus Frauen,
die einsam warteten im weißen Saal, –
fast alle waren bang, dich aufzubauen,
um aus den Bildern einst auf dich zu schauen:
auf deine Augen mit den ernsten Brauen,
auf deine Hände, hell und schmal.

Du hast von ihnen Perlen und Türkisen,
von diesen Frauen, die in Bildern stehn
als stünden sie allein in Abendwiesen, –
du hast von ihnen Perlen und Türkisen
und Ringe mit verdunkelten Devisen
und Seiden, welche welke Düfte wehn.

Du trägst die Gemmen ihrer Gürtelbänder
ans hohe Fenster in den Glanz der Stunden,

und in die Seide sanfter Brautgewänder
sind deine kleinen Bücher eingebunden,
und drinnen hast du, mächtig über Länder,
ganz groß geschrieben und mit reichen, runden
Buchstaben deinen Namen vorgefunden.

Und alles ist, als wär es schon geschehn.

Sie haben so, als ob du nicht mehr kämst,
an alle Becher ihren Mund gesetzt,
zu allen Freuden ihr Gefühl gehetzt
und keinem Leide leidlos zugesehn;
so daß du jetzt
stehst und dich schämst.

… Du blasses Kind, dein Leben ist auch eines, –
der Sänger kommt dir sagen, daß du bist.
Und daß du mehr bist als ein Traum des Haines,
mehr als die Seligkeit des Sonnenscheines,
den mancher graue Tag vergißt.
Dein Leben ist so unaussprechlich Deines,
weil es von vielen überladen ist.

Empfindest du, wie die Vergangenheiten
leicht werden, wenn du eine Weile lebst,
wie sie dich sanft auf Wunder vorbereiten,
jedes Gefühl mit Bildern dir begleiten, –
und nur ein Zeichen scheinen ganze Zeiten
für eine Geste, die du schön erhebst. –

Das ist der Sinn von allem, was einst war,
daß es nicht bleibt mit seiner ganzen Schwere,

daß es zu unserm Wesen wiederkehre,
in uns verwoben, tief und wunderbar:

So waren diese Frauen elfenbeinern,
von vielen Rosen rötlich angeschienen,
so dunkelten die müden Königsmienen,
so wurden fahle Fürstenmunde steinern
und unbewegt von Waisen und von Weinern,
so klangen Knaben an wie Violinen
und starben für der Frauen schweres Haar;
so gingen Jungfraun der Madonna dienen,
denen die Welt verworren war.
So wurden Lauten laut und Mandolinen,
in die ein Unbekannter größer griff, –
in warmen Samt verlief der Dolche Schliff, –
Schicksale bauten sich aus Glück und Glauben,
Abschiede schluchzten auf in Abendlauben, –
und über hundert schwarzen Eisenhauben
schwankte die Feldschlacht wie ein Schiff.
So wurden Städte langsam groß und fielen
in sich zurück wie Wellen eines Meeres,
so drängte sich zu hochbelohnten Zielen
die rasche Vogelkraft des Eisenspeeres,
so schmückten Kinder sich zu Gartenspielen, –
und so geschah Unwichtiges und Schweres,
nur, um für dieses tägliche Erleben
dir tausend große Gleichnisse zu geben,
an denen du gewaltig wachsen kannst.

Vergangenheiten sind dir eingepflanzt,
um sich aus dir, wie Gärten, zu erheben.

Du blasses Kind, du machst den Sänger reich
mit deinem Schicksal, das sich singen läßt:
so spiegelt sich ein großes Gartenfest
mit vielen Lichtern im erstaunten Teich.
Im dunklen Dichter wiederholt sich still
ein jedes Ding: ein Stern, ein Haus, ein Wald.
Und viele Dinge, die er feiern will,
umstehen deine rührende Gestalt.

DIE AUS DEM HAUSE COLONNA

Ihr fremden Männer, die ihr jetzt so still
in Bildern steht, ihr saßet gut zu Pferde
und ungeduldig gingt ihr durch das Haus;
wie ein schöner Hund, mit derselben Gebärde
ruhn eure Hände jetzt bei euch aus.

Euer Gesicht ist so voll von Schauen,
denn die Welt war euch Bild und Bild;
aus Waffen, Fahnen, Früchten und Frauen
quillt euch dieses große Vertrauen,
daß alles *ist* und daß alles *gilt*.

Aber damals, als ihr noch zu jung
wart, die großen Schlachten zu schlagen,
zu jung, um den päpstlichen Purpur zu tragen,
nicht immer glücklich bei Reiten und Jagen,
Knaben noch, die sich den Frauen versagen,
habt ihr aus jenen Knabentagen
keine, nicht eine Erinnerung?

Wißt ihr nicht mehr, was damals war?

Damals war der Altar
mit dem Bilde, auf dem Maria gebar,
in dem einsamen Seitenschiff.
Euch ergriff
eine Blumenranke;
der Gedanke,
daß die Fontäne allein
draußen im Garten in Mondenschein
ihre Wasser warf,
war wie eine Welt.

Das Fenster ging bis zu den Füßen auf wie eine Tür;
und es war Park mit Wiesen und Wegen:
seltsam nah und doch so entlegen,
seltsam hell und doch wie verborgen,
und die Brunnen rauschten wie Regen,
und es war, als käme kein Morgen
dieser langen Nacht entgegen,
die mit allen Sternen stand.

Damals wuchs euch, Knaben, die Hand,
die warm war. (Ihr aber wußtet es nicht.)
Damals breitete euer Gesicht sich aus.

Des zweiten Buches zweiter Teil

FRAGMENTE AUS VERLORENEN TAGEN

... Wie Vögel, welche sich gewöhnt ans Gehn
und immer schwerer werden, wie im Fallen:
die Erde saugt aus ihren langen Krallen
die mutige Erinnerung von allen
den großen Dingen, welche hoch geschehn,
und macht sie fast zu Blättern, die sich dicht
am Boden halten, –
wie Gewächse, die,
kaum aufwärts wachsend, in die Erde kriechen,
in schwarzen Schollen unlebendig licht
und weich und feucht versinken und versiechen, –
wie irre Kinder, – wie ein Angesicht
in einem Sarg, – wie frohe Hände, welche
unschlüssig werden, weil im vollen Kelche
sich Dinge spiegeln, die nicht nahe sind, –
wie Hülferufe, die im Abendwind
begegnen vielen dunklen großen Glocken, –
wie Zimmerblumen, die seit Tagen trocken,
wie Gassen, die verrufen sind, – wie Locken,
darinnen Edelsteine blind geworden sind, –
wie Morgen im April
vor allen vielen Fenstern des Spitales:
die Kranken drängen sich am Saum des Saales
und schaun: die Gnade eines frühen Strahles
macht alle Gassen frühlinglich und weit;
sie sehen nur die helle Herrlichkeit,
welche die Häuser jung und lachend macht,
und wissen nicht, daß schon die ganze Nacht
ein Sturm die Kleider von den Himmeln reißt,
ein Sturm von Wassern, wo die Welt noch eist,

ein Sturm, der jetzt noch durch die Gassen braust
und der den Dingen alle Bürde
von ihren Schultern nimmt, –
daß Etwas draußen groß ist und ergrimmt,
daß draußen die Gewalt geht, eine Faust,
die jeden von den Kranken würgen würde
inmitten dieses Glanzes, dem sie glauben. –
... Wie lange Nächte in verwelkten Lauben,
die schon zerrissen sind auf allen Seiten
und viel zu weit, um noch mit einem Zweiten,
den man sehr liebt, zusammen drin zu weinen, –
wie nackte Mädchen, kommend über Steine,
wie Trunkene in einem Birkenhaine, –
wie Worte, welche nichts Bestimmtes meinen
und dennoch gehn, ins Ohr hineingehn, weiter
ins Hirn und heimlich auf der Nervenleiter
durch alle Glieder Sprung um Sprung versuchen, –
wie Greise, welche ihr Geschlecht verfluchen
und dann versterben, so daß keiner je
abwenden könnte das verhängte Weh,
wie volle Rosen, künstlich aufgezogen
im blauen Treibhaus, wo die Lüfte logen,
und dann vom Übermut in großem Bogen
hinausgestreut in den verwehten Schnee, –
wie eine Erde, die nicht kreisen kann,
weil zuviel Tote ihr Gefühl beschweren,
wie ein erschlagener verscharrter Mann,
dem sich die Hände gegen Wurzeln wehren, –
wie eine von den hohen, schlanken, roten
Hochsommerblumen, welche unerlöst
ganz plötzlich stirbt im Lieblingswind der Wiesen,
weil ihre Wurzel unten an Türkisen

im Ohrgehänge einer Toten
stößt...

Und mancher Tage Stunden waren *so*.
Als formte wer mein Abbild irgendwo,
um es mit Nadeln langsam zu mißhandeln.
Ich spürte jede Spitze seiner Spiele,
und war, als ob ein Regen auf mich fiele,
in welchem alle Dinge sich verwandeln.

DIE STIMMEN
NEUN BLÄTTER MIT EINEM TITELBLATT

Titelblatt

Die Reichen und Glücklichen haben gut schweigen,
niemand will wissen was sie sind.
Aber die Dürftigen müssen sich zeigen,
müssen sagen: ich bin blind
oder: ich bin im Begriff es zu werden
oder: es geht mir nicht gut auf Erden
oder: ich habe ein krankes Kind
oder: da bin ich zusammengefügt...

Und vielleicht, daß das gar nicht genügt.

Und weil alle sonst, wie an Dingen,
an ihnen vorbeigehn, müssen sie singen.

Und da hört man noch guten Gesang.

Freilich die Menschen sind seltsam; sie hören
lieber Kastraten in Knabenchören.

Aber Gott selber kommt und bleibt lang
wenn ihn *diese* Beschnittenen stören.

Das Lied des Bettlers

Ich gehe immer von Tor zu Tor,
verregnet und verbrannt;
auf einmal leg ich mein rechtes Ohr
in meine rechte Hand.
Dann kommt mir meine Stimme vor
als hätt ich sie nie gekannt.

Dann weiß ich nicht sicher wer da schreit,
ich oder irgendwer.
Ich schreie um eine Kleinigkeit.
Die Dichter schrein um mehr.

Und endlich mach ich noch mein Gesicht
mit beiden Augen zu;
wie's dann in der Hand liegt mit seinem Gewicht
sieht es fast aus wie Ruh.
Damit sie nicht meinen ich hätte nicht,
wohin ich mein Haupt tu.

Das Lied des Blinden

Ich bin blind, ihr draußen, das ist ein Fluch,
ein Widerwillen, ein Widerspruch,
etwas täglich Schweres.
Ich leg meine Hand auf den Arm der Frau,
meine graue Hand auf ihr graues Grau,
und sie führt mich durch lauter Leeres.

Ihr rührt euch und rückt und bildet euch ein
anders zu klingen als Stein auf Stein,
aber ihr irrt euch: ich allein
lebe und leide und lärme.
In mir ist ein endloses Schrein
und ich weiß nicht, schreit mir mein
Herz oder meine Gedärme.

Erkennt ihr die Lieder? Ihr sanget sie nicht
nicht ganz in dieser Betonung.
Euch kommt jeden Morgen das neue Licht
warm in die offene Wohnung.
Und ihr habt ein Gefühl von Gesicht zu Gesicht
und das verleitet zur Schonung.

Das Lied des Trinkers

Es war nicht in mir. Es ging aus und ein.
Da wollt ich es halten. Da hielt es der Wein.
(Ich weiß nicht mehr was es war.)
Dann hielt er mir jenes und hielt mir dies
bis ich mich ganz auf ihn verließ.
Ich Narr.

Jetzt bin ich in seinem Spiel und er streut
mich verächtlich herum und verliert mich noch heut
an dieses Vieh, an den Tod.
Wenn der mich, schmutzige Karte, gewinnt,
so kratzt er mit mir seinen grauen Grind
und wirft mich fort in den Kot.

Das Lied des Selbstmörders

Also noch einen Augenblick.
Daß sie mir immer wieder den Strick
zerschneiden.
Neulich war ich so gut bereit
und es war schon ein wenig Ewigkeit
in meinen Eingeweiden.

Halten sie mir den Löffel her,
diesen Löffel Leben.
Nein ich will und ich will nicht mehr,
laßt mich mich übergeben.

Ich weiß das Leben ist gar und gut
und die Welt ist ein voller Topf,
aber mir geht es nicht ins Blut,
mir steigt es nur zu Kopf.

Andere nährt es, mich macht es krank;
begreift, daß man's verschmäht.
Mindestens ein Jahrtausend lang
brauch ich jetzt Diät.

Das Lied der Witwe

Am Anfang war mir das Leben gut.
Es hielt mich warm, es machte mir Mut.
Daß es das allen Jungen tut,
wie konnt ich das damals wissen.
Ich wußte nicht, was das Leben war –,
auf einmal war es nur Jahr und Jahr,
nicht mehr gut, nicht mehr neu, nicht mehr
                                   wunderbar,
wie mitten entzwei gerissen.

Das war nicht Seine, nicht meine Schuld;
wir hatten beide nichts als Geduld,
aber der Tod hat keine.
Ich sah ihn kommen (wie schlecht er kam),
und ich schaute ihm zu wie er nahm und nahm:
es war ja gar nicht das Meine.

Was war denn das Meine; Meines, Mein?
War mir nicht selbst mein Elendsein
nur vom Schicksal geliehn?
Das Schicksal will nicht nur das Glück,
es will die Pein und das Schrein zurück
und es kauft für alt den Ruin.

Das Schicksal war da und erwarb für ein Nichts
jeden Ausdruck meines Gesichts
bis auf die Art zu gehn.
Das war ein täglicher Ausverkauf
und als ich leer war, gab es mich auf
und ließ mich offen stehn.

89

Das Lied des Idioten

Sie hindern mich nicht. Sie lassen mich gehn.
Sie sagen es könne nichts geschehn.
Wie gut.
Es kann nichts geschehn. Alles kommt und kreist
immerfort um den heiligen Geist,
um den gewissen Geist (du weißt) –,
wie gut.

Nein man muß wirklich nicht meinen es sei
irgend eine Gefahr dabei.
Da ist freilich das Blut.
Das Blut ist das Schwerste. Das Blut ist schwer.
Manchmal glaub ich, ich kann nicht mehr –.
(Wie gut.)

Ah was ist das für ein schöner Ball;
rot und rund wie ein Überall.
Gut, daß ihr ihn erschuft.
Ob der wohl kommt wenn man ruft?

Wie sich das alles seltsam benimmt,
ineinandertreibt, auseinanderschwimmt:
freundlich, ein wenig unbestimmt.
Wie gut.

Das Lied der Waise

Ich bin Niemand und werde auch Niemand sein.
Jetzt bin ich ja zum Sein noch zu klein;
aber auch später.

Mütter und Väter,
erbarmt euch mein.

Zwar es lohnt nicht des Pflegens Müh:
ich werde doch gemäht.
Mich kann keiner brauchen: jetzt ist es zu früh
und morgen ist es zu spät.

Ich habe nur dieses eine Kleid,
es wird dünn und es verbleicht,
aber es hält eine Ewigkeit
auch noch vor Gott vielleicht.

Ich habe nur dieses bißchen Haar
(immer dasselbe blieb),
das einmal Eines Liebstes war.

Nun hat er nichts mehr lieb.

Das Lied des Zwerges

Meine Seele ist vielleicht grad und gut;
aber mein Herz, mein verbogenes Blut,
alles das, was mir wehe tut,
kann sie nicht aufrecht tragen.
Sie hat keinen Garten, sie hat kein Bett,
sie hängt an meinem scharfen Skelett
mit entsetztem Flügelschlagen.

Aus meinen Händen wird auch nichts mehr.
Wie verkümmert sie sind: sieh her:
zähe hüpfen sie, feucht und schwer,

wie kleine Kröten nach Regen.
Und das Andre an mir ist
abgetragen und alt und trist;
warum zögert Gott, auf den Mist
alles das hinzulegen.

Ob er mir zürnt für mein Gesicht
mit dem mürrischen Munde?
Es war ja so oft bereit, ganz licht
und klar zu werden im Grunde;
aber nichts kam ihm je so dicht
wie die großen Hunde.
Und die Hunde haben das nicht.

Das Lied des Aussätzigen

Sieh ich bin einer, den alles verlassen hat.
Keiner weiß in der Stadt von mir,
Aussatz hat mich befallen.
Und ich schlage mein Klapperwerk,
klopfe mein trauriges Augenmerk
in die Ohren allen
die nahe vorübergehn.
Und die es hölzern hören, sehn
erst gar nicht her, und was hier geschehn
wollen sie nicht erfahren.

Soweit der Klang meiner Klapper reicht
bin ich zuhause; aber vielleicht
machst Du meine Klapper so laut,
daß sich keiner in meine Ferne traut
der mir jetzt aus der Nähe weicht.

So daß ich sehr lange gehen kann
ohne Mädchen, Frau oder Mann
oder Kind zu entdecken.

Tiere will ich nicht schrecken.

Ende des Gedicht-Kreises ›Die Stimmen‹

VON DEN FONTÄNEN

Auf einmal weiß ich viel von den Fontänen,
den unbegreiflichen Bäumen aus Glas.
Ich könnte reden wie von eignen Tränen,
die ich, ergriffen von sehr großen Träumen,
einmal vergeudete und dann vergaß.

Vergaß ich denn, daß Himmel Hände reichen
zu vielen Dingen und in das Gedränge?
Sah ich nicht immer Großheit ohnegleichen
im Aufstieg alter Parke, vor den weichen
erwartungsvollen Abenden, – in bleichen
aus fremden Mädchen steigenden Gesängen,
die überfließen aus der Melodie
und wirklich werden und als müßten sie
sich spiegeln in den aufgetanen Teichen?

Ich muß mich nur erinnern an das Alles,
was an Fontänen und an mir geschah, –
dann fühl ich auch die Last des Niederfalles,
in welcher ich die Wasser wiedersah:
Und weiß von Zweigen, die sich abwärts wandten,
von Stimmen, die mit kleiner Flamme brannten,
von Teichen, welche nur die Uferkanten

schwachsinnig und verschoben wiederholten,
von Abendhimmeln, welche von verkohlten
westlichen Wäldern ganz entfremdet traten
sich anders wölbten, dunkelten und taten
als wär das nicht die Welt, die sie gemeint...

Vergaß ich denn, daß Stern bei Stern versteint
und sich verschließt gegen die Nachbargloben?
Daß sich die Welten nur noch wie verweint
im Raum erkennen? – Vielleicht sind wir *oben*,
in Himmel andrer Wesen eingewoben,
die zu uns aufschaun abends. Vielleicht loben
uns ihre Dichter. Vielleicht beten viele
zu uns empor. Vielleicht sind wir die Ziele
von fremden Flüchen, die uns nie erreichen,
Nachbaren eines Gottes, den sie meinen
in unsrer Höhe, wenn sie einsam weinen,
an den sie glauben und den sie verlieren,
und dessen Bildnis, wie ein Schein aus ihren
suchenden Lampen, flüchtig und verweht,
über unsere zerstreuten Gesichter geht...

DER LESENDE

Ich las schon lang. Seit dieser Nachmittag,
mit Regen rauschend, an den Fenstern lag.
Vom Winde draußen hörte ich nichts mehr:
mein Buch war schwer.
Ich sah ihm in die Blätter wie in Mienen,
die dunkel werden von Nachdenklichkeit,
und um mein Lesen staute sich die Zeit. –
Auf einmal sind die Seiten überschienen,

und statt der bangen Wortverworrenheit
steht: Abend, Abend ... überall auf ihnen.
Ich schau noch nicht hinaus, und doch zerreißen
die langen Zeilen, und die Worte rollen
von ihren Fäden fort, wohin sie wollen...
Da weiß ich es: über den übervollen
glänzenden Gärten sind die Himmel weit;
die Sonne hat noch einmal kommen sollen. –
Und jetzt wird Sommernacht, soweit man sieht:
zu wenig Gruppen stellt sich das Verstreute,
dunkel, auf langen Wegen, gehn die Leute,
und seltsam weit, als ob es mehr bedeute,
hört man das Wenige, das noch geschieht.

Und wenn ich jetzt vom Buch die Augen hebe,
wird nichts befremdlich sein und alles groß.
Dort draußen ist, was ich hier drinnen lebe,
und hier und dort ist alles grenzenlos;
nur daß ich mich noch mehr damit verwebe,
wenn meine Blicke an die Dinge passen
und an die ernste Einfachheit der Massen, –
da wächst die Erde über sich hinaus.
Den ganzen Himmel scheint sie zu umfassen:
der erste Stern ist wie das letzte Haus.

DER SCHAUENDE

Ich sehe den Bäumen die Stürme an,
die aus laugewordenen Tagen
an meine ängstlichen Fenster schlagen,
und höre die Fernen Dinge sagen,
die ich nicht ohne Freund ertragen,
nicht ohne Schwester lieben kann.

Da geht der Sturm, ein Umgestalter,
geht durch den Wald und durch die Zeit,
und alles ist wie ohne Alter:
die Landschaft, wie ein Vers im Psalter,
ist Ernst und Wucht und Ewigkeit.

Wie ist das klein, womit wir ringen,
was mit uns ringt, wie ist das groß;
ließen wir, ähnlicher den Dingen,
uns *so* vom großen Sturm bezwingen, –
wir würden weit und namenlos.

Was wir besiegen, ist das Kleine,
und der Erfolg selbst macht uns klein.
Das Ewige und Ungemeine
will nicht von uns gebogen sein.
Das ist der Engel, der den Ringern
des Alten Testaments erschien:
wenn seiner Widersacher Sehnen
im Kampfe sich metallen dehnen,
fühlt er sie unter seinen Fingern
wie Saiten tiefer Melodien.

Wen dieser Engel überwand,
welcher so oft auf Kampf verzichtet,
der geht gerecht und aufgerichtet
und groß aus jener harten Hand,
die sich, wie formend, an ihn schmiegte.
Die Siege laden ihn nicht ein.
Sein Wachstum ist: der Tiefbesiegte
von immer Größerem zu sein.

AUS EINER STURMNACHT
ACHT BLÄTTER MIT EINEM TITELBLATT

Titelblatt

Die Nacht, vom wachsenden Sturme bewegt,
wie wird sie auf einmal weit –,
als bliebe sie sonst zusammengelegt
in die kleinlichen Falten der Zeit.
Wo die Sterne ihr wehren, dort endet sie nicht
und beginnt nicht mitten im Wald
und nicht an meinem Angesicht
und nicht mit deiner Gestalt.
Die Lampen stammeln und wissen nicht:
lügen wir Licht?
Ist die Nacht die einzige Wirklichkeit
seit Jahrtausenden...

‹I›

In solchen Nächten kannst du in den Gassen
Zukünftigen begegnen, schmalen blassen
Gesichtern, die dich nicht erkennen
und dich schweigend vorüberlassen.

Aber wenn sie zu reden begännen,
wärst du ein Langevergangener
wie du da stehst,
langeverwest.
Doch sie bleiben im Schweigen wie Tote,
obwohl sie die Kommenden sind.
Zukunft beginnt noch nicht.
Sie halten nur ihr Gesicht in die Zeit
und können, wie unter Wasser, nicht schauen;
und ertragen sie's doch eine Weile,
sehn sie wie unter den Wellen: die Eile
von Fischen und das Tauchen von Tauen.

‹2›

In solchen Nächten gehn die Gefängnisse auf.
Und durch die bösen Träume der Wächter
gehn mit leisem Gelächter
die Verächter ihrer Gewalt.
Wald! Sie kommen zu dir, um in dir zu schlafen,
mit ihren langen Strafen behangen.
    Wald!

‹3›

In solchen Nächten ist auf einmal Feuer
in einer Oper. Wie ein Ungeheuer
beginnt der Riesenraum mit seinen Rängen
Tausende, die sich in ihm drängen,
zu kauen.
Männer und Frauen
staun sich in den Gängen,

und wie sich alle aneinander hängen,
bricht das Gemäuer, und es reißt sie mit.
Und niemand weiß mehr *wer* ganz unten litt;
während ihm einer schon das Herz zertritt,
sind seine Ohren noch ganz voll von Klängen,
die dazu hingehn...

‹4›

In solchen Nächten, wie vor vielen Tagen,
fangen die *Herzen* in den Sarkophagen
vergangener Fürsten wieder an zu gehn;
und so gewaltig drängt ihr Wiederschlagen
gegen die Kapseln, welche widerstehn,
daß sie die goldenen Schalen weitertragen
durch Dunkel und Damaste, die zerfallen.
Schwarz schwankt der Dom mit allen seinen Hallen.
Die Glocken, die sich in die Türme krallen,
hängen wie Vögel, bebend stehn die Türen,
und an den Trägern zittert jedes Glied:
als trügen seinen gründenden Granit
blinde Schildkröten, die sich rühren.

‹5›

In solchen Nächten wissen die Unheilbaren:
wir waren...
Und sie denken unter den Kranken
einen einfachen guten Gedanken
weiter, dort, wo er abbrach.
Doch von den Söhnen, die sie gelassen,
geht der Jüngste vielleicht in den einsamsten Gassen;

denn gerade *diese* Nächte
sind ihm als ob er zum ersten Mal dächte:
lange lag es über ihm bleiern,
aber jetzt wird sich alles entschleiern –,
und: daß er das feiern wird,
    fühlt er...

‹6›

In solchen Nächten sind alle die Städte gleich,
alle beflaggt.
Und an den Fahnen vom Sturm gepackt
und wie an Haaren hinausgerissen
in irgend ein Land mit ungewissen
Umrissen und Flüssen.
In allen Gärten ist dann ein Teich,
an jedem Teiche dasselbe Haus,
in jedem Hause dasselbe Licht;
und alle Menschen sehn ähnlich aus
und halten die Hände vorm Gesicht.

‹7›

In solchen Nächten werden die Sterbenden klar,
greifen sich leise ins wachsende Haar,
dessen Halme aus ihres Schädels Schwäche
in diesen langen Tagen *treiben*,
als wollten sie über der Oberfläche
des Todes bleiben.
Ihre Gebärde geht durch das Haus
als wenn überall Spiegel hingen;
und sie geben – mit diesem Graben

in ihren Haaren – Kräfte aus,
die sie in Jahren gesammelt haben,
    welche *vergingen*.

‹8›

In solchen Nächten wächst mein Schwesterlein,
das vor mir war und vor mir starb, ganz klein.
Viel solche Nächte waren schon seither:
Sie muß schon schön sein. Bald wird irgendwer
    sie frein.

DIE BLINDE

DER FREMDE:
    Du bist nicht bang, davon zu sprechen?
DIE BLINDE:
    Nein.
    Es ist so ferne. Das war eine andre.
    Die damals sah, die laut und schauend lebte,
    die starb.
DER FREMDE:
    Und hatte einen schweren Tod?
DIE BLINDE:
    Sterben ist Grausamkeit an Ahnungslosen.
    Stark muß man sein, sogar wenn Fremdes stirbt.
DER FREMDE:
    Sie war dir fremd?
DIE BLINDE:
    – Oder: sie ists geworden.
    Der Tod entfremdet selbst dem Kind die Mutter.
    Doch es war schrecklich in den ersten Tagen.

Am ganzen Leibe war ich wund. Die Welt,
die in den Dingen blüht und reift,
war mit den Wurzeln aus mir ausgerissen,
mit meinem Herzen (schien mir), und ich lag
wie aufgewühlte Erde offen da und trank
den kalten Regen meiner Tränen,
der aus den toten Augen unaufhörlich
und leise strömte, wie aus leeren Himmeln,
wenn Gott gestorben ist, die Wolken fallen.
Und mein Gehör war groß und allem offen.
Ich hörte Dinge, die nicht hörbar sind:
die Zeit, die über meine Haare floß,
die Stille, die in zarten Gläsern klang, –
und fühlte: nah bei meinen Händen ging
der Atem einer großen weißen Rose.
Und immer wieder dacht ich: Nacht und: Nacht
und glaubte einen hellen Streif zu sehn,
der wachsen würde wie ein Tag;
und glaubte auf den Morgen zuzugehn,
der längst in meinen Händen lag.
Die Mutter weck ich, wenn der Schlaf mir schwer
hinunterfiel vom dunklen Gesicht,
der Mutter rief ich: »Du, komm her!
Mach Licht!«
Und horchte. Lange, lange blieb es still,
und meine Kissen fühlte ich versteinen, –
dann wars, als säh ich etwas scheinen:
das war der Mutter wehes Weinen,
an das ich nicht mehr denken will.
Mach Licht! Mach Licht! Ich schrie es oft im Traum:
Der Raum ist eingefallen. Nimm den Raum
mir vom Gesicht und von der Brust.

Du mußt ihn heben, hochheben,
mußt ihn wieder den Sternen geben;
ich kann nicht leben so, mit dem Himmel auf mir.
Aber sprech ich zu dir, Mutter?
Oder zu wem denn? Wer ist denn dahinter?
Wer ist denn hinter dem Vorhang? – Winter?
Mutter: Sturm? Mutter: Nacht? Sag!
Oder: Tag?... Tag!
Ohne mich! Wie kann es denn ohne mich Tag sein?
Fehl ich denn nirgends?
Fragt denn niemand nach mir?
Sind wir denn ganz vergessen?
Wir? ... Aber du bist ja dort;
du hast ja noch alles, nicht?
Um dein Gesicht sind noch alle Dinge bemüht,
ihm wohlzutun.
Wenn deine Augen ruhn
und wenn sie noch so müd waren,
sie können wieder steigen.
... Meine schweigen.
Meine Blumen werden die Farbe verlieren.
Meine Spiegel werden zufrieren.
In meinen Büchern werden die Zeilen verwachsen.
Meine Vögel werden in den Gassen
herumflattern und sich an fremden Fenstern verwunden.
Nichts ist mehr mit mir verbunden.
Ich bin von allem verlassen. –
Ich bin eine Insel.

DER FREMDE:

Und ich bin über das Meer gekommen.

DIE BLINDE:

Wie? Auf die Insel? ... Hergekommen?

DER FREMDE:

Ich bin noch im Kahne.
Ich habe ihn leise angelegt –
an dich. Er ist bewegt:
seine Fahne weht landein.

DIE BLINDE:

Ich bin eine Insel und allein.
Ich bin reich. –
Zuerst, als die alten Wege noch waren
in meinen Nerven, ausgefahren
von vielem Gebrauch:
da litt ich auch.
Alles ging mir aus dem Herzen fort,
ich wußte erst nicht wohin;
aber dann fand ich sie alle dort,
alle Gefühle, das, was ich bin,
stand versammelt und drängte und schrie
an den vermauerten Augen, die sich nicht rührten.
Alle meine verführten Gefühle...
Ich weiß nicht, ob sie Jahre so standen,
aber ich weiß von den Wochen,
da sie alle zurückkamen gebrochen
und niemanden erkannten.

Dann wuchs der Weg zu den Augen zu.
Ich weiß ihn nicht mehr.
Jetzt geht alles in mir umher,
sicher und sorglos; wie Genesende
gehn die Gefühle, genießend das Gehn,
durch meines Leibes dunkles Haus.
Einige sind Lesende
über Erinnerungen;

aber die jungen
sehn alle hinaus.
Denn wo sie hintreten an meinen Rand,
ist mein Gewand von Glas.
Meine Stirne sieht, meine Hand las
Gedichte in anderen Händen.
Mein Fuß spricht mit den Steinen, die er betritt,
meine Stimme nimmt jeder Vogel mit
aus den täglichen Wänden.
Ich muß nichts mehr entbehren jetzt,
alle Farben sind übersetzt
in Geräusch und Geruch.
Und sie klingen unendlich schön
als Töne.
Was soll mir ein Buch?
In den Bäumen blättert der Wind;
und ich weiß, was dorten für Worte sind,
und wiederhole sie manchmal leis.
Und der Tod, der Augen wie Blumen bricht,
findet meine Augen nicht...

DER FREMDE *leise:*
   Ich weiß.

REQUIEM
Clara Westhoff gewidmet

Seit einer Stunde ist um ein Ding mehr
auf Erden. Mehr um einen Kranz.
Vor einer Weile war das leichtes Laub ... Ich wands:
Und jetzt ist dieser Efeu seltsam schwer
und so von Dunkel voll, als tränke er

aus meinen Dingen zukünftige Nächte.
Jetzt graut mir fast vor dieser nächsten Nacht,
allein mit diesem Kranz, den ich gemacht,
nicht ahnend, daß da etwas wird,
wenn sich die Ranken ründen um den Reifen;
ganz nur bedürftig, dieses zu begreifen:
daß etwas nichtmehr sein kann. Wie verirrt
in nie betretene Gedanken, darinnen wunderliche
                                    Dinge stehn,
die ich schon einmal gesehen haben muß...

... Flußabwärts treiben die Blumen, welche die Kinder
gerissen haben im Spiel; aus den offenen Fingern fiel
eine und eine, bis daß der Strauß nicht mehr zu erkennen
war. Bis der Rest, den sie nachhaus gebracht,
gerade gut zum Verbrennen war. Dann konnte man ja
die ganze Nacht, wenn einen alle schlafen meinen, um
die gebrochenen Blumen weinen.

Gretel, von allem Anbeginn
war dir bestimmt, sehr zeitig zu sterben,
blond zu sterben.
Lange schon, eh dir zu leben bestimmt war.
Darum stellte der Herr eine Schwester vor dich
und dann einen Bruder,
damit vor dir wären zwei Nahe, zwei Reine,
welche das Sterben dir zeigten,
das deine:
dein Sterben.
Deine Geschwister wurden erfunden.
nur, damit du dich daran gewöhntest,
und dich an zweien Sterbestunden

mit der dritten versöhntest,
die dir seit Jahrtausenden droht.
Für deinen Tod
sind Leben erstanden;
Hände, welche Blüten banden,
Blicke, welche die Rosen rot
und die Menschen mächtig empfanden,
hat man gebildet und wieder vernichtet
und hat zweimal das Sterben *gedichtet*,
eh es, gegen dich selbst gerichtet,
aus der verloschenen Bühne trat.

... Nahte es dir schrecklich, geliebte Gespielin?
war es dein Feind?
Hast du dich ihm ans Herz geweint?
Hat es dich aus den heißen Kissen
in die flackernde Nacht gerissen,
in der niemand schlief im ganzen Haus...?
Wie sah es aus?
Du mußt es wissen...
Du bist dazu in die Heimat gereist.

Du weißt
wie die Mandeln blühn
und daß Seen blau sind.
Viele Dinge, die nur im Gefühle der Frau sind
welche die erste Liebe erfuhr, –
weißt du. Dir flüsterte die Natur
in des Südens spätdämmernden Tagen
so unendliche Schönheit ein,
wie sonst nur selige Lippen sie sagen
seliger Menschen, die zu zwein

eine Welt haben und *eine* Stimme –
leiser hast du das alles gespürt, –
(o wie hat das unendlich Grimme
deine unendliche Demut berührt).
Deine Briefe kamen von Süden,
warm noch von Sonne, aber verwaist, –
endlich bist du selbst deinen müden
bittenden Briefen nachgereist;
denn du warst nicht gerne im Glanze,
jede Farbe lag auf dir wie Schuld,
und du lebtest in Ungeduld,
denn du wußtest: das ist nicht *das Ganze*.
Leben ist nur ein Teil ... Wovon?
Leben ist nur ein Ton ... Wovon?
Leben hat Sinn nur, verbunden mit vielen
Kreisen des weithin wachsenden Raumes, –
Leben ist so nur der Traum eines Traumes,
aber Wachsein ist anderswo.
So ließest du's los.
Groß ließest du's los.
Und wir kannten dich klein.
Dein war so wenig: ein Lächeln, ein kleines,
ein bißchen melancholisch schon immer,
sehr sanftes Haar und ein kleines Zimmer,
das dir seit dem Tode der Schwester weitwar.
Als ob alles andere nur dein Kleid war
so scheint es mir jetzt, du stilles Gespiel.
Aber *sehr viel*
warst du. Und wir wußtens manchmal,
wenn du am Abend kamst in den Saal;
wußten manchmal: jetzt müßte man beten;
eine Menge ist eingetreten,

eine Menge, welche dir nachgeht,
weil du den Weg weißt.
Und du hast ihn wissen gemußt
und hast ihn gewußt
gestern...
jüngste der Schwestern.

Sieh her,
dieser Kranz ist so schwer.
Und sie werden ihn auf dich legen,
diesen schweren Kranz.
Kanns dein Sarg aushalten?
Wenn er bricht
unter dem schwarzen Gewicht,
kriecht in die Falten
von deinem Kleid
Efeu.
Weit rankt er hinauf,
rings rankt er dich um,
und der Saft, der sich in seinen Ranken bewegt,
regt dich auf mit seinem Geräusch;
so keusch bist du.
Aber du bist nichtmehr zu.
Langgedehnt bist du und laß.
Deines Leibes Türen sind angelehnt,
und naß
tritt der Efeu ein...

wie Reihn
von Nonnen,
die sich führen

an schwarzem Seil,
weil es dunkel ist in dir, du Bronnen.
In den leeren Gängen
deines Blutes drängen sie zu deinem Herzen;
wo sonst deine sanften Schmerzen
sich begegneten mit bleichen
Freuden und Erinnerungen, –
wandeln sie, wie im Gebet,
in das Herz, das, ganz verklungen,
dunkel, allen offen steht.

Aber dieser Kranz ist schwer
nur im Licht,
nur unter Lebenden, hier bei mir;
und sein Gewicht
ist nicht mehr
wenn ich ihn, zu dir legen werde.
Die Erde ist voller Gleichgewicht,
Deine Erde.
Er ist schwer von meinen Augen, die daran hängen,
schwer von den Gängen,
die ich um ihn getan;
Ängste aller, welche ihn sahn,
haften daran.
Nimm ihn zu dir, denn er ist dein
seit er ganz fertig ist.
Nimm ihn von mir.
Laß mich allein! Er ist wie ein Gast...
fast schäm ich mich seiner.
Hast du auch Furcht, Gretel?

Du kannst nicht mehr gehn?
Kannst nicht mehr bei mir in der Stube stehn?
Tun dir die Füße weh?
So bleib wo jetzt alle beisammen sind,
man wird ihn dir morgen bringen, mein Kind,
durch die entlaubte Allee.
Man wird ihn dir bringen, warte getrost, –
man bringt dir morgen noch mehr.
Wenn es auch morgen tobt und tost,
das schadet den Blumen nicht sehr.
Man wird sie dir bringen. Du hast das Recht,
sie sicher zu haben, mein Kind,
und wenn sie auch morgen schwarz und schlecht
und lange vergangen sind.
Sei deshalb nicht bange. Du wirst nicht mehr
unterscheiden, was steigt oder sinkt;
die Farben sind zu und die Töne sind leer,
und du wirst auch gar nicht mehr wissen, wer
dir alle die Blumen bringt.

Jetzt weißt du *das Andre,* das uns verstößt,
so oft wir's im Dunkel erfaßt;
von dem, was du *sehntest,* bist du erlöst
zu etwas, was du *hast.*
Unter uns warst du von kleiner Gestalt,
vielleicht bist du jetzt ein erwachsener Wald
mit Winden und Stimmen im Laub. –
Glaub mir, Gespiel, dir geschah nicht Gewalt:
Dein Tod war schon alt,
als dein Leben begann;
drum griff er es an,
damit es ihn nicht überlebte.

Schwebte etwas um mich?
Trat Nachtwind herein?
Ich bebte nicht.
Ich bin stark und allein. –
Was hab ich heute geschafft?
… Efeulaub holt ich am Abend und wands
und bog es zusammen, bis es ganz gehorchte.
Noch glänzt es mit schwarzem Glanz.
Und meine Kraft
kreist in dem Kranz.

SCHLUSZSTÜCK

Der Tod ist groß.
Wir sind die Seinen
lachenden Munds.
Wenn wir uns mitten im Leben meinen,
wagt er zu weinen
mitten in uns.

Die Versanfänge

DES ERSTEN BUCHES ERSTER TEIL

Wer du auch seist: am Abend tritt hinaus 11
Wieder duftet der Wald 11
Süddeutsche Nacht, ganz breit im reifen Monde 12
Reitet der Ritter in schwarzem Stahl 12
Mir fällt ein junger Ritter ein 13
Andere müssen auf langen Wegen 14
Mädchen, Dichter sind, die von euch lernen 14
Wer ist es, wer mich so liebt, daß er 15
Sie muß immer sinnen: Ich bin ... ich bin 16
Ja ich sehne mich nach dir. Ich gleite 17
Ruf mich, Geliebter, ruf mich laut 17
Hörst du, Geliebte, ich hebe die Hände 18
Was spielst du, Knabe? Durch die Gärten gings 19
Sie haben alle müde Münde 19
Du bist der Vogel, dessen Flügel kamen 20
Martyrin ist sie. Und als harten Falls 21
Das Volk war durstig; also ging das eine 22
Da rinnt der Schule lange Angst und Zeit 23
Das Dunkeln war wie Reichtum in dem Raume 24
Ich möchte einer werden so wie die 25
In weißen Schleiern gehn die Konfirmanden 25
Sie sind versammelt, staunende Verstörte 27

DES ERSTEN BUCHES ZWEITER TEIL

Aus unendlichen Sehnsüchten steigen 31
Ich möchte jemanden einsingen 31
Die Nächte sind nicht für die Menge gemacht 31
Fremde Geige, gehst du mir nach 32
Der blinde Mann, der auf der Brücke steht 33
Wie einer, der auf fremden Meeren fuhr 33
Keine Vision von fremden Ländern 34
Ich habe kein Vaterhaus 35

Im welken Walde ist ein Vogelruf 36
O wie ist alles fern 36
Die Einsamkeit ist wie ein Regen 37
Herr: es ist Zeit. Der Sommer war sehr groß 37
Und du wartest, erwartest das Eine 38
Ich sehe seit einer Zeit 39
Die Blätter fallen, fallen wie von weit 39
Meine Stube und diese Weite 40
Nacht, stille Nacht, in die verwoben sind 41
Und wieder rauscht mein tiefes Leben lauter 41
Ich bin wie eine Fahne von Fernen umgeben 42
Wenn die Wolken, von Stürmen geschlagen 42
Der Park ist hoch. Und wie aus einem Haus 43
Der Abend wechselt langsam die Gewänder 44
Wer jetzt weint irgendwo in der Welt 44
Ist einer, der nimmt alle in die Hand 45

DES ZWEITEN BUCHES ERSTER TEIL

Gieb deine Schönheit immer hin 49
Du bist nicht näher an Gott als wir 49
Einst als am Saum der Wüsten sich 51
Ein jeder aus der weißen Bruderschaft 53
Sie werden Alle wie aus einem Bade 55
Ein junger König aus Norden war 60
Mein Vater war ein verbannter 63
Das war in Tagen, da die Berge kamen 66
Noch drohen große Vögel allenthalben 67
Seine Diener füttern mit mehr und mehr 69
Es ist die Stunde, da das Reich sich eitel 70
Der blasse Zar wird nicht am Schwerte sterben 72
Noch immer schauen in den Silberplatten 73
Du blasses Kind, an jedem Abend soll 75
Ihr fremden Männer, die ihr jetzt so still 78

DES ZWEITEN BUCHES ZWEITER TEIL

Wie Vögel, welche sich gewöhnt ans Gehn 83
Die Reichen und Glücklichen haben gut schweigen 85
Ich gehe immer von Tor zu Tor 86
Ich bin blind, ihr draußen, das ist ein Fluch 86
Es war nicht in mir. Es ging aus und ein 87
Also noch einen Augenblick 88
Am Anfang war mir das Leben gut 89
Sie hindern mich nicht. Sie lassen mich gehn 90
Ich bin Niemand und werde auch Niemand sein 90
Meine Seele ist vielleicht grad und gut 91
Sieh ich bin einer, den alles verlassen hat 92
Auf einmal weiß ich viel von den Fontänen 93
Ich las schon lang. Seit dieser Nachmittag 94
Ich sehe den Bäumen die Stürme an 96
Die Nacht, vom wachsenden Sturme bewegt 97
In solchen Nächten kannst du in den Gassen 97
In solchen Nächten gehn die Gefängnisse auf 98
In solchen Nächten ist auf einmal Feuer 98
In solchen Nächten, wie vor vielen Tagen 99
In solchen Nächten wissen die Unheilbaren 99
In solchen Nächten sind alle die Städte gleich 100
In solchen Nächten werden die Sterbenden klar 100
In solchen Nächten wächst mein Schwesterlein 101
Du bist nicht bang, davon zu sprechen 101
Seit einer Stunde ist um ein Ding mehr 105
Der Tod ist groß 112

Zeittafel

1875 Am 4. Dezember in Prag geboren.
1882 Piaristenschule.
1886 Militär-Unterrealschule St. Pölten.
1890 Militär-Oberrealschule Mährisch-Weißkirchen.
1891 Handelsakademie Linz.
1892 Vorbereitung auf das Abitur.
1894 ›Leben und Lieder‹.
1895 Abitur. Beginn des Studiums in Prag.
1896 Universität München. ›Wegwarten‹, ›Larenopfer‹.
1897 Bekanntschaft mit Lou Andreas-Salomé. ›Traumgekrönt‹.
1898 Berlin, Florenz, Zoppot, Worpswede. Verschiedene Gedichte.
       ›Am Leben hin‹.
1899 Erste russische Reise mit Lou Andreas-Salomé. Berlin. ›Mir zur
       Feier‹.
1900 Zweite russische Reise mit Lou Andreas-Salomé. Worpswede.
       Lernt Clara Westhoff und Paula Becker kennen. Besuch bei Vogeler
       in Worpswede. ›Vom lieben Gott und anderes‹.
1901 Heiratet Clara Westhoff. Reisen. Geburt der Tochter Ruth.
1902 Paris. ›Die frühen Gedichte‹, ›Das Buch der Bilder‹, ›Worpswede‹.
1903 Paris, Viareggio, Worpswede, Rom. ›Auguste Rodin‹.
1904 Dänemark, Schweden, Worpswede-Oberneuland. ›Geschichten
       vom lieben Gott‹.
1905 Reisen: Paris und Meudon. Bei Rodin. Worpswede. ›Das Stunden-
       Buch‹.
1906 Paris-Meudon. Tod des Vaters in Prag. Bruch mit Rodin. Belgische
       Reise. Capri. ›Die Weise von Liebe und Tod des Cornets Christoph
       Rilke‹.
1907 Italien, Frankreich. Vortragsreise: Prag. ›Neue Gedichte‹.
1908 Italien, Frankreich. ›Neue Gedichte‹.
1909 Frankreich. Bekanntschaft mit der Fürstin Marie von Thurn und
       Taxis. ›Die frühen Gedichte‹, ›Requiem‹.
1910 Vortragsreise: Elberfeld, Leipzig (Kippenberg), Berlin, Schloß
       Duino und Schloß Lautschin bei der Fürstin, Paris. ›Die Aufzeich-
       nungen des Malte Laurids Brigge‹.
1911 Neapel, Ägypten, Venedig, Paris, Leipzig, Duino. Übertragungen.
1912 Duino, München, Duino, Paris.
1913 Paris, Bad Rippoldsau, Leipzig, München, Paris. ›Das Marienleben‹,
       ›Erste Gedichte‹.
1914 Paris, Berlin, Paris, München. München bleibt Wohnsitz.
1915 München. Beschäftigung mit Hölderlin. Bekanntschaft mit Helling-

rath. Verlust seines Pariser Besitzes. Musterung. Ende des Jahres Besuch in Wien bei der Fürstin.

1916 Wien. Militärdienst bis Juni. Rodaun in der Nachbarschaft Hugo von Hofmannsthals. München.

1917 München. Tod Hellingraths. Trifft mit Bernhard v. d. Marwitz zusammen. Übertragungen.

1918 München. Wiedersehen mit Kippenberg. Tod Bernhard v. d. Marwitz.

1919 Treffen mit Lou Andreas-Salomé in München. Schweiz.

1920 Venedig. Wiedersehen mit der Fürstin. Schweiz. Trifft Merline (Balladine Klossowska). Schloß Berg am Irchel.

1921 Berg am Irchel. Besuch Kippenbergs. Genf, Zürich. Entdeckt Muzot. Auseinandersetzung mit der Dichtung Valérys.

1922 Chateau de Muzot und Sierre. Besuch der Kippenbergs. Heirat der Tochter Ruth.

1923 Chateau de Muzot. Besuch der Fürstin. Kuranstalt Schöneck bei Beckenried. Beschäftigung mit französischer Literatur. Geburt des Enkelkindes. Krankheit. Klinik von Valmont. ›Duineser Elegien‹, ›Die Sonette an Orpheus‹.

1924 Muzot. Besuch Valérys, der Kippenbergs. Mit Clara Rilke in Sierre. Reisen. Klinik Valmont.

1925 Paris, Muzot, Ragaz. 50. Geburtstag mit Gratulationen aus aller Welt. Klinik Valmont.

1926 Bis Ende Mai in Valmont. Sierre, Muzot, Lausanne. Wiedersehen mit Valéry. Tod am 29. Dezember in Valmont. Begräbnis am

1927 2. Januar in Raron.

Das Werk Rainer Maria Rilkes
im Insel Verlag

Sämtliche Werke. Herausgegeben vom Rilke-Archiv. In Verbindung mit Ruth Sieber-Rilke besorgt durch Ernst Zinn. Ausgabe in 6 Bänden. Band I: Erste Gedichte. Die frühen Gedichte. Die weiße Fürstin. Die Weise von Liebe und Tod des Cornets Christoph Rilke. Das Stunden-Buch. Das Buch der Bilder. Neue Gedichte. Der neuen Gedichte anderer Teil. Requiem. Das Marien-Leben. Duineser Elegien. Die Sonette an Orpheus. Band II: Verstreute und nachgelassene Gedichte aus den Jahren 1906–1926. Gedichte in französischer Sprache. Band III: Leben und Lieder (1894). Christus-Visionen (1896). Dir zur Feier (1898). Frühwerke in ursprünglicher Gestalt. Jugendgedichte aus dem Nachlaß (bis 1905). Band IV: Frühe Erzählungen und Dramen (1893–1902). Band V: Worpswede. Rodin. Besprechungen, Aufsätze und Betrachtungen (1893–1905). Band VI: Malte Laurids Brigge, Kleine Schriften (1906–1926). ›Gedichte in Prosa‹ und Verwandtes. 5060 S. In Kassette. (D). Ln.

Werke in drei Bänden. Mit einer Einführung von Beda Allemann. 1672 S. Inhalt: Band I: Gedicht-Zyklen, Band II: Gedichte und Übertragungen; Register, alphabetisches Verzeichnis der Gedichtanfänge und Inhaltsverzeichnis mit Entstehungsdaten für Band I und II; Band III: Prosa. Erschien aus Anlaß des 40. Todestages Rainer Maria Rilkes im November 1966 als Sonderausgabe in der Reihe ›Die Bücher der Neunzehn‹.

Die Aufzeichnungen des Malte Laurids Brigge. 224 S.
Duineser Elegien. 48 S. Gebunden
Das Stunden-Buch. Gedichte. 116 S. Halbln.
Aus dem Nachlaß des Grafen C. W. Ein Gedichtkreis. 42 S. Gebunden
Briefwechsel in Gedichten mit Erika Mitterer. 64 S. Gebunden
Briefe in einem Band. Herausgegeben vom Rilke-Archiv. In Verbindung mit Ruth Sieber-Rilke besorgt durch Karl Altheim. 2. Auflage mit revidiertem Register. Vollständige Neuausgabe der früher zweibändigen Ausgabe. 1064 S.
Geschichten vom lieben Gott. 188 S.

Rainer Maria Rilke und Inga Junghanns: Briefwechsel. Herausgegeben von Wolfgang Herwig. Mit einem Nachwort des Herausgebers, ausführlichen Anmerkungen, Personenregister. 292 S., 1 Bildtafel.

In der Insel-Bücherei
Briefe an einen jungen Dichter (IB 406)
Briefe an eine junge Frau (IB 409)
Die Weise von Liebe und Tod des Cornets Christoph Rilke (IB 1)
Requiem (IB 30)

Das Marien-Leben (IB 43)
Die Sonette an Orpheus (IB 115)
Der ausgewählten Gedichte erster Teil (IB 400)
Der ausgewählten Gedichte anderer Teil (IB 480)
Ewald Tragy (IB 680)
Das Stunden-Buch (it 2)

Übertragungen

Das Igor-Lied. Eine Heldendichtung. Russisch und deutsch. Übertragen von
Rainer Maria Rilke (IB 689)
Portugiesische Briefe. Die Briefe der Marianna Alcoforado. Übertragen von
Rainer Maria Rilke (IB 74)
André Gide: Die Rückkehr des verlorenen Sohnes. Aus dem Französischen
übertragen von Rainer Maria Rilke (IB 143)

Die vierundzwanzig Sonette der Louïze Labé. Lyoneserin 1555. Französisch
und deutsch. Übertragen von Rainer Maria Rilke (IB 222)
Marie von Thurn und Taxis: Erinnerungen an Rainer Maria Rilke. Heraus-
gegeben von Georg Blokesch (IB 888)
Rilkes Leben und Werk im Bild. Von Ingeborg Schnack. Mit einem bio-
graphischen Essay von J. R. von Salis. 296 S. mit 387 Abbildungen auf
Kunstdruckpapier.
Insel-Almanach auf das Jahr 1967: Rilkes Wirkung. 168 S. Brosch.
Katalog der Rilke-Sammlung Richard von Mises. Bearbeitet und heraus-
gegeben von Paul Obermüller und Herbert Steiner unter Mitarbeit von
Ernst Zinn. 432 S. Einmalige limitierte Auflage von 600 Exemplaren.

insel taschenbücher
Alphabetisches Verzeichnis

Alte und neue Lieder   it 59

Bakunins Beichte   it 29

Honoré de Balzac:
Das Mädchen mit den
Goldaugen   it 60

Ambrose Bierce:
Mein Lieblingsmord   it 39

Die Blümlein des heiligen
Franziskus von Assisi
it 48

Boccaccio:
Das Dekameron   it 7/8

Marian Brandys:
Maria Walewska,
Napoleons große Liebe
it 24

Clemens Brentano:
Gockel Hinkel
Gackeleia   it 47

Georg Büchner:
Der Hessische
Landbote   it 51

Wilhelm Busch
Kritisch -
Allzukritisches   it 52

Lewis Carroll:
Alice im Wunderland   it 42

Adelbert von Chamisso:
Peter Schlemihls wunder-
same Geschichte   it 27

Defoe:
Robinson Crusoe   it 41

Diderot:
Die Nonne   it 31

Geschichten der Liebe aus
1001 Nächten   it 38

Gespräche
mit Marx und Engels
it 19/20

Goethe:
Die Leiden des jungen
Werther   it 25

Goethe:
Die Wahlverwandt-
schaften   it 1

Goethe:
Faust (1. Teil)   it 50

Johann Peter Hebel:
Kalendergeschichten   it 17

Hermann Hesse:
Kindheit des Zauberers it 67

Hermann Hesse.
Leben und Werk
im Bild   it 36

J. P. Jacobsen:
Niels Lyhne   it 44

Kant-Brevier   it 61

Marie Luise Kaschnitz:
Eisbären   it 4

Erhart Kästner:
Die Lerchenschule
it 57

Erhart Kästner:
Ölberge –
Weinberge   it 55

Erhart Kästner:
Die Stundentrommel
vom heiligen Berg
Athos   it 56

Kropotkin:
Memoiren eines
Revolutionärs   it 21

Choderlos de Laclos:
Schlimme
Liebschaften   it 12

García Lorca:
Die dramatischen
Dichtungen   it 3

Märchen deutscher
Dichter   it 13

Majakowski:
Werke I   it 16
Werke II   it 53

Mirabeau:
Der gelüftete Vorhang
it 32

Eduard Mörike:
Die Historie von der
schönen Lau   it 72

Mordillo:
Das Giraffenbuch
it 37

Christian Morgenstern:
Alle Galgenlieder   it 6

Mutter Gans   it 28

Die Nibelungen   it 14

Orbis Pictus   it 9

Phaïcon   it 69

Polaris I   it 30

Rainer Maria Rilke:
Das Buch der Bilder
it 26

Rainer Maria Rilke:
Geschichten vom
lieben Gott   it 43

Rainer Maria Rilke:
Neue Gedichte   it 49

Rainer Maria Rilke:
Das Stunden-Buch   it 2

Rainer Maria Rilke:
Wladimir, der Wolkenmaler
it 68

Rainer Maria Rilke.
Leben und Werk
im Bild   it 35

Lou Andreas-
Salomé:
Lebensrückblick   it 54

Walter Schmögner:
Das Drachenbuch
it 10

Walter Schmögner:
Das unendliche Buch   it 40

Sophokles:
König Ödipus   it 15

Robert Louis Stevenson:
Die Schatzinsel   it 65

Jonathan Swift:
Gullivers Reisen   it 58

Tolstoj:
Die großen
Erzählungen   it 18

Iwan Sergejewitsch
Turgenjew:
Väter und Söhne   it 64

Voltaire:
Candide   it 11

Robert Walser:
Fritz Kochers Aufsätze   it 63

Das Weihnachtsbuch   it 46

Richard Wagner:
Ausgewählte Schriften
it 66

Oscar Wilde:
Die Erzählungen und
Märchen   it 5

Heinrich Zimmer:
Yoga und Buddhismus
it 45

it 69
Phaïcon
Almanach der phantastischen Literatur
Herausgegeben von Rein A. Zondergeld
Mit Illustrationen von Dieter Asmus, Jörg Krichbaum, Hans Ullrich und Ute Osterwalder, Reiner Schwarz

Die Diskussion über die phantastische Literatur kommt nur zögernd in Gang, obwohl doch seit einigen Jahren wenigstens die Texte wieder zur Verfügung stehen; u. a. dank der »Bibliothek des Hauses Usher« des Insel Verlags. *Phaïcon* möchte — ähnlich wie *Polaris* für das Gebiet der Science Fiction — die Diskussion über die phantastische Literatur beleben. Rein A. Zondergeld hat seinen Almanach in drei Teile gegliedert: I. Theoretiker, II. Autorengespräche, III. Autoren über Autoren.
Es kommen unter anderen Autoren und Theoretiker wie: Borges, Cortazar, Caillois, Lem, Ray, Vox und Wilson zu Wort.

it 70
Sophokles
Antigone
Herausgegeben und übertragen von
Wolfgang Schadewaldt
Mit Illustrationen

Wie schon in it 15, *Sophokles, König Ödipus,* versucht nun auch hier der bekannte Tübinger Altphilologe und Übersetzer Wolfgang Schadewaldt einen antiken Text, der zum Kanon abendländischer Bildung gehört, durch Übersetzung und Interpretation einem weiteren Publikum zugänglich zu machen.
Der Band ist in drei Hauptstücke gegliedert: I. Textteil, II. Aufsätze zur Antigone, III. Antigone. Vorstufen und Nachwirkung. Ein Katalog.
Illustriert wird der Band durch antike Sagendarstellungen des Antigone-Motivs und durch Szenenfotos von Theateraufführungen des Dramas. Goethe am 1. April 1827: »Alles Edle ist an sich stiller Natur und scheint zu schlafen, bis es durch Widerspruch geweckt und herausgefordert wird. Ein solcher Widerspruch ist Kreon, welcher teils der Antigone da ist, damit sich

ihre edle Natur und das Recht, was auf ihrer Seite liegt, an ihm hervorkehre, teils aber um seiner selbst willen, damit sein unseliger Irrtum uns als ein Hassenswürdiges erscheine.«

it 71
Guillermo Mordillo
Giraffenbuch 2

»Im *Giraffenbuch* hat der 1932 in Buenos Aires geborene Guillermo Mordillo auf vielen skurrilen und surrealen Cartoons diesem langhalsigen Geschöpf ein bestechendes Denkmal gesetzt.« (Esslinger Zeitung) Und nun fährt das *Giraffenbuch 2* fort, die unwahren Geschichten von ›Mensch und Tier‹ zu erzählen. Mordillo hat eine Eigenschaft, die den großen Zeichner charakterisiert: er zeigt Proportionen auf – mit unvergleichlichem Witz, mit List und Phantasie. Ein Cartoonist »ersten Ranges«, dessen »großartige Cartoons« ihm internationalen Erfolg einbrachten.

it 72
Eduard Mörike
Geschichte von der schönen Lau
Mit einem Vorwort von Traude Dienel und einem
Nachwort von Hermann Hesse
Mit Illustrationen von Moritz von Schwind

Die *Geschichte von der schönen Lau* ist in Mörikes Märchen *Das Stuttgarter Hutzelmännlein* (1852) eingeschoben. Zur Zeit Eberhards des Greiners schenkt das Hutzelmännlein einem wandernden Schustergesellen ein Stück Hutzelbrot und zwei Paar Glücksschuhe. Ein Paar soll er anziehen, das andere an eine Wegkreuzung stellen. Die schöne Vrone, die das Paar findet, wird seine Frau. Die schöne Lau ist eine Donaunixe, die im Blautopf bei Blaubeuren haust. Sie darf erst dann ein Kind gebären, wenn sie fünfmal gelacht hat.
Sie lernt die für Nixen schwierige Kunst des Lachens im Umgang mit den Schwaben vom Land. Mörikes Märchen stehen den Kunstmärchen ferner als den Volksmärchen, weil ihre betonte Einfachheit von den theoriebeladenen Kunstübungen der Romantiker abhebt.